사회복지현장실습

정연모 · 임우현 · 최형임

KNOWLEDGE COMMUNITY 공동체

머리말

사회복지현장실습은 예비사회복지사로서 학교수업에서 습득한 지식, 기술, 태도 등을 실제 현장에 적용해 보는 좋은 기회가 될 뿐만 아니라, 자신의 적성을 발견하고 진로를 결정하는 데 중요한 영향을 끼치는 실천 교과목이다. 사회복지현장에서의 실습은 준비된 사회복지사를 길러내고 사회복지에 대한 정체성을 확립하고 나아가 사회복지사가 전문직으로 인정받을 수 있는 중요한 교육과정으로 현장에서 바로 적용 가능한 실천능력을 갖추도록 훈련하는 데 목적이 있다.

따라서 사회복지사 자격증을 취득하려는 예비사회복지사들은 전문화된 교재를 통해 실질적으로 사회복지에 대한 이론과 기술을 총체적으로 정리하고 완성할 수 있는 체계적인 교육과 훈련이 이루어져야 한다. 대학에서 사회복지사 자격증 취득을 목표로 하는 학생들이 이론 교육보다 현장실습에 대한 걱정과 부담이 더 크다는 것을 인식하고 사회복지현장실습을 보다 쉽게 이해하고 현장실습에 임할 수 있도록 조금이나마 도움을 주고자 이 책을 집필하게 되었다.

이 책은 사회복지현장실습의 전체적인 맥락을 이해하고, 사회복지현장실습세미나 수업 운영이 가능하도록 30개의 하위 주제로 구성하였다. 제1장은 사회복지현장실습의 전반적인 이해를 돕기 위해 사회복지현장실습의 목적과 목표, 개요, 사회복지현장실습의 진행, 관련 서류, 책임성, 지도감독에 대한 내용을 수록하였다. 제2장은 사회복지현장에서의 실천원리, 실천윤리, 실천기록, 실천과정과 기술, 욕구조사, 자원개발, 프로그램 개발, 사례관리 등의 사회복지현장에서의 기초지식을 살펴보았다. 제3장은 사회복지현장실습의 분야를 대상별 실천영역과 전문실천 영역으로 구분하여 살펴보았고, 제4장에서는 사회복지실천의 쟁점과 사회복지의 과제와 전망에 대하여 간단히 살펴보았다. 아울러 사회복지현장실습에서 사용되는 교육기관용 서식, 실습기관용 서식, 실습생에게 필요한 다양한 서식들을 제공하기 위해 노력하였다.

이 책이 사회복지현장실습을 준비하는 예비사회복지사들에게 현장실습에 대한 이해를 통해 걱정과 부담감을 조금이나마 덜어주었으면 하는 바람이다. 또한 교육현장에서 사회복지현장실습세미나를 준비하는 교수님들에게도 실습세미나의 수업 내용을 보다 풍성하게 할 수 있는 참고자료가 되길 희망한다. 끝으로 이 책을 출판할 수 있도록 지원과 배려를 아끼지 않으신 도서출판 공동체 직원 여러분들께 진심으로 감사의 인사를 드린다.

2024년 저자 일동

차 례

제2장 사회복지현장실습 기초지식

제 1 장

사회복지 현장실습의 이해

1. 사회복지현장실습의 목적과 목표
2. 사회복지현장실습의 개요
3. 사회복지현장실습의 진행
4. 사회복지현장실습 관련 서류
5. 사회복지현장실습의 책임성
6. 사회복지현장실습에서의 지도감독

제 1 장 사회복지현장실습의 이해

1. 사회복지현장실습의 목적과 목표

사회복지현장실습이란 “학교에서 학습한 사회복지실천의 가치 및 윤리, 지식, 실천의 기술을 사회복지현장에서 실제로 적용하는 현장실습을 통해 전문직의 사명감과 실천능력을 겸비한 사회복지사를 교육·훈련하는 것”을 목적으로 하는 사회복지교육의 핵심과정이다(한국사회복지교육협의회, 2012).

1) 사회복지현장실습의 목적

(1) 실습생의 목적

- 학교에서 배운 지식과 기술을 실천에 옮기는 기회를 가진다.
- 실습현장에서 새로운 실천지식과 기술을 익히는 기회를 가진다.
- 사회복지기관에 대한 이해를 가진다.
- 전체적인 사회복지실천 과정을 습득한다.
- 자신의 한계, 능력에 대한 통찰을 통해서 사회복지전문직에 대한 이상과 사회복지를 택한 동기에 대해 재고하는 기회를 제공한다.

(2) 실습기관의 목적

- 사회복지의 새로운 경향과 기술, 지식들을 접하는 기회로 활용한다.
- 기관의 특성에 맞는 새로운 영역을 개발할 수 있다.
- 전문 사회복지사 양성을 위한 교육 프로그램을 개발할 수 있는 기회로 활용한다.
- 학교에서 습득한 기술, 지식 등을 실천현장에서 접할 수 있는 기회를 가진다.
- 학교와의 지속적인 연계로 이론과 실무에 대한 정보교환의 기회를 획득할 수 있다.

(3) 학교의 목적

- 사회복지교육과 사회복지실천현장의 교량 역할을 한다.
- 교육과 학습의 보조 역할을 수행한다.
- 교육과정의 효율성 및 효과성을 평가하는 기회로 활용한다.
- 사회복지실천현장에 대한 정보획득의 기회로 활용한다.
- 타 대학 학생들과 함께 실습함으로써 관련 정보 및 네트워크 형성에 도움을 준다.

2) 사회복지현장실습의 목표

(1) 지식의 습득

- 인간과 환경 간의 공식, 비공식 체계에 대한 상호관련성을 이해할 수 있다.
- 클라이언트에 대한 포괄적이고 실제적인 이해를 할 수 있다.
- 직접적인 실천방법을 이해할 수 있다.
- 원조과정의 기본적인 원칙을 이해할 수 있다.
- 사회복지실천을 평가하는 방법을 이해할 수 있다.
- 체계적인 관점에서 사회복지사의 역할과 지역사회 내의 관계를 이해할 수 있다.
- 사회복지실천분야에 대한 정보를 습득할 수 있다.
- 개인적인 가치관을 확립하고 인접학문과의 상호관련성을 이해할 수 있다.

(2) 전문적인 기술의 개발

- 체계적인 관점으로 핵심문제를 규정할 수 있다.
- 획득된 정보를 조직화하고, 환경요인의 영향을 평가할 수 있다.
- 클라이언트가 자신의 문제와 욕구를 이해하고 의사소통기법을 활용할 수 있다.
- 지역사회 내의 자원을 파악하고 활용할 수 있다.
- 기관 내 외부의 환경을 파악하고 적절하게 활용할 수 있다.

(3) 전문인으로서의 태도 개발

- 클라이언트를 위한 최선의 이익을 원조하기 위한 태도를 기른다.
- 전문직으로서 책임성 있는 태도를 기른다.
- 거시적 관점에서 문제를 파악하는 태도를 기른다.

- 사회복지실천의 과학적인 방법을 인식한다.

정리하기

1. 사회복지현장실습의 목적
   실습생, 사회복지시설 및 기관, 학교의 주체별 목적 이해
2. 사회복지현장실습의 목표
   지식의 습득, 전문적인 기술의 개발, 전문인으로서의 태도 개발

2. 사회복지현장실습의 개요

1) 사회복지현장실습의 기준

(1) 실습기관의 기준

① 법적 기준

- 사회복지사업법 제2조 제1호에 따른 사회복지사업과 관련된 법인, 시설, 기관 및 단체로 사회복지서비스를 제공하는 곳에서 한다.

② 실습기관

- 사회복지사업을 수행하는 기관, 법인, 시설 또는 단체일 것
- 보건복지부장관이 선정한 기관, 법인, 시설 또는 단체

사단(재단)법인	관청의 허가를 받은 단체로 사회복지사업을 목적으로 하는 비영리단체
공공기관	지방자치단체, 자원봉사센터 등
사회복지서비스 제공 기관	병원, 상담소, 학교, 교정기관, 조사연구기관, 시민사회단체 등

③ 전문적으로 사회복지현장실습을 지도하기 위해 실습기관은 다음의 요건을 갖추어야 한다.

- 사회복지 전문직의 윤리와 가치가 부합되는 사회복지기관이어야 한다.
- 기관이 위치한 지역사회 안에서 전문성을 가지고 본연의 역할을 수행하여야 한다.

- 기관의 실무자들이 전문적인 교육을 받은 자로서 전문교육에 대한 존중과 이해가 필요하다.
- 실습기관은 실습생에 의존하지 않고 기관의 기본적인 프로그램을 개발·운영할 수 있는 규모이어야 한다.
- 실습지도자에게 실습지도와 감독에 필요한 시간을 할당할 수 있는 기관이어야 한다.

(2) 실습지도자의 기준

① 법적 기준 : 사회복지사업법 시행규칙 [별표 1]

- 실습지도자는 다음의 요건을 모두 갖춘 기관실습 지도자가 2명 이상 상근하여야 한다.
  가. 1급 사회복지사 자격증을 취득한 이후 3년 이상의 사회복지사업 실무경험이 있거나, 2급 사회복지사 자격증을 취득한 이후 5년 이상의 사회복지사업 실무경험이 있어야 한다.
  나. 기관실습이 실시되는 연도의 전년도에 8시간 이상의 보수교육을 받았어야 한다.
  다. 기관실습 지도자 1명이 동시에 지도할 수 있는 학생 수는 5명 이내여야 한다.

② 실습지도자의 기준

[기준 1] 사회복지사 1급 자격증을 교부받은 후 3년 이상 사회복지실무 경험이 있는 자

[기준 2] 사회복지사 2급 자격증을 교부받은 후 5년 이상 사회복지실무 경험이 있는 자

- 어느 하나의 기준을 이미 충족한 경우는 실습지도자에 해당한다.
  예 현재 [기준 1]에 해당되지 않으나, 이미 [기준 2]에 해당되면 실습지도가 가능하다.

(3) 실습시간의 기준

① 법적 기준 : 사회복지사업법 시행규칙 [별표 1]

- 현장실습시간은 160시간 이상(이수학점 : 3학점)으로 한다.

② 실습시간 예시

- 실습기관, 학생의 사정에 따라 다음 방법 중 한 가지를 선택 가능하다.

학기 중 실습	주당 8시간 실습 기관에 출석하여 최소 160시간 이상 실습수행(중간, 기말 시험 기간 포함)
방학 중 실습	1일 8시간 주 5회 실습기관에 출석하여 최소 160시간 이상 실습수행

- 생활시설에서 실습할 경우 실습으로 인정될 수 있는 시간은 1일 8시간으로 최소 160시간 이상 실습하여야 한다.
- 실습기관 및 실습생의 상황에 따라 공휴일, 주말 등을 이용하여 실습 가능하다.

(4) 실습세미나

① 1회당 2시간 이상의 실습세미나를 총 15회 이상 실시한다. 이 경우 정보통신망을 이용한 온라인 교육을 실시하는 교육기관의 실습세미나에는 대면 방식의 세미나가 총 3회 이상 포함되어야 한다.

② 학사, 석사 또는 박사 학위 중 2개 이상의 학위를 사회복지학 전공으로 취득한 사람으로서 3년 이상의 사회복지학 교육경험 또는 3년 이상의 사회복지사업 실무경험이 있는 교수가 지도한다.

③ 한 세미나에 참여하는 학생 수는 30명 이내로 한다.

④ 기관실습 지도자가 부여한 평가점수와 실습세미나 교수가 부여한 평가점수를 합산한 최종 평가점수를 실습세미나 교수가 부여한다.

(5) 기타

① 동일 직장 내에서 실습을 하는 경우는 인정하지 않는다.

② 군인, 공익근무요원 등 관계법령에 의거 특별한 신분을 가지고 있는 자는 해당 법령에 따른 허가를 받은 경우에만 실습을 시행할 수 있다.

③ 해외 사회복지시설에서의 현장실습은 인정하지 않는다.

④ 자원봉사활동이나 단순 기관방문, 마을축제 방문 등은 사회복지현장실습에 포함되지 않으며, 실습생이 실습기관에 출석하지 않고 알선기관을 통한 허위실습을 하거나 인터넷 등을 통한 실습은 인정되지 않는다.

2) 사회복지현장실습의 수행과정

(1) 실습기관의 진행과정

① 실습생 모집

- 실습기관에서는 실습계획을 수립하여 교육기관에 실습생 모집공고를 한다.
- 학교는 공지사항을 안내한다.

② 실습생 선정

- 학생은 해당기관에 실습신청서를 제출한다.
- 실습기관의 선정기준에 따라 서류, 면접을 통해 선발한다.
- 실습의뢰수락서를 학교로 발송한다.

③ 실습생 수락

학교로 실습생신청서와 프로파일을 공문과 함께 실습지로 발송한다.

④ 실습 오리엔테이션

실습지는 실습과 관련한 오리엔테이션을 실시한다.

⑤ 실습진행

실습일정에 따라 실습을 진행하고 실습일지 작성 및 슈퍼비전을 진행한다.

⑥ 실습평가 및 종결

실습지에서는 실습평가회를 진행하고 실습평가서를 학교로 발송한다.

(2) 실습생의 진행과정

① 실습지 선정

법적 기준(사회복지사업법 [별표 1])에 근거하여 거주지 및 직장 근처에 있는 시설을 방문 혹은 전화 상담하여 실습 가능 여부를 직접 확인한다.

② 실습신청

실습 수락이 된 경우 학교로 신청서와 프로파일을 작성하여 학교로 발송한다.

③ 실습 의뢰공문 발송

학교는 실습신청서와 프로파일을 공문과 함께 실습지로 발송한다.

④ 실습생 수락공문 발송

실습지에서는 의뢰된 실습생에 대한 실습을 진행한다는 공문을 학교로 발송한다.

⑤ 실습 오리엔테이션

실습지 및 학교에서 실습과 관련한 오리엔테이션을 받는다.

⑥ 실습진행

실습일정에 따라 실습을 진행하고 실습일지 작성 및 슈퍼비전을 받는다.

⑦ 실습평가

- 실습지 및 학교는 실습평가회를 진행한다.
- 실습일지와 실습확인서를 학교로 발송한다.

정리하기

1. 사회복지현장실습의 기준
   - 실습시간은 160시간 이상
   - 실습기관은 사회복지사업을 수행하는 기관, 법인, 시설 또는 단체로 보건복지부장관으로부터 선정된 기관
   - 자격 요건을 갖춘 실습지도자 2명 이상 상근하는 기관
   - 1회당 2시간 이상의 실습세미나를 총 15회 이상 실시(온라인 교육기관은 대면 방식의 세미나 총 3회 이상 포함)
2. 사회복지현장실습의 수행과정

   실습생의 모집과 선정, 실습 오리엔테이션, 실습진행, 평가 및 종결

3. 사회복지현장실습의 진행

1) 진행체계

사회복지현장실습이란 학교에서 학습한 사회복지실천의 가치 및 윤리, 지식, 실천의 기술을 사회복지현장에서 실제로 적용하는 현장실습을 통해 전문직의 사명감과 실천능력을 겸비한 사회복지사를 교육·훈련하는 것을 목적으로 하는 사회복지교육의 핵심과정이다(한국사회복지교육협의회, 2012).

일반적으로 사회복지현장실습의 진행은 실습기관과 교육기관에서 동시에 이루어진다. 실습기관에서는 실습생 모집공지를 하고 서류접수 및 면접을 통해 실습생을 선발한다. 정해진 실습기간 동안 실습을 진행하고 슈퍼비전을 제공하며, 실습종결

후에는 대학으로 실습평가서를 발송한다.

실습교육기관, 즉 학교에서는 학생들에게 실습을 공지하며 실습기관이 확정되면 실습의뢰공문서를 발송한다. 또한 기관방문을 포함한 실습지도를 하며, 실습평가서를 받은 후 실습학점을 부여한다. 이러한 실습진행절차는 다음 그림과 같다.

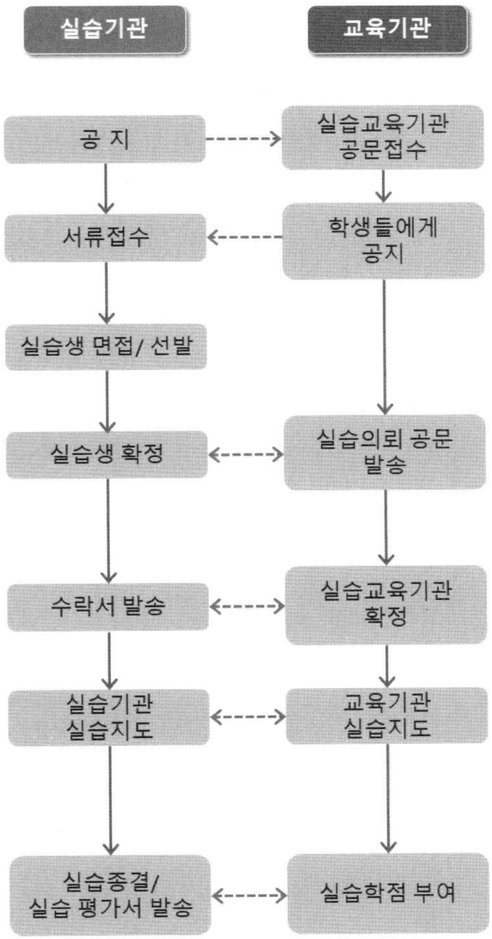

사회복지현장실습 진행절차

2) 사회복지실습생의 실습 진행과정별 과업

실습생들은 진행절차에 따라 필요한 과업을 수행하게 된다. 실습의 진행단계를 실습 전 단계, 실습 수행 단계, 실습 후 단계로 구분할 수 있으며 단계에 따른 실습생들의 역할과 과업은 다음 그림과 같다.

실습 전 단계	실습 수행 단계	실습 후 단계
• 교육기관 실습 오리엔테이션 • 실습기관 탐색 및 선정 • 실습신청서 제출	• 실습기관 오리엔테이션 • 실습수행(일지작성) • 실습평가	• 실습일지 발송 • 실습확인서 발송 • 실습평가서 발송 확인

정리하기

1. 사회복지현장실습의 진행체계
   실습기관 및 실습교육기관(학교)의 진행과정
2. 실습생들의 실습과정별 과업
   실습 전, 실습 중, 실습 후 단계

4. 사회복지현장실습 관련 서류

1) 사회복지현장실습 전 단계

실습예정자가 실습을 준비하면서 작성해야 하는 문서는 실습신청서와 실습생 프로파일이다. 실습지가 선정되면 학교 혹은 기관에서 제시하는 실습신청서와 기관에서 실습생의 기본적 정보와 관심분야, 학습 정도를 파악하기 위한 프로파일을 작성한다.

실습계획서는 실습 수행목표, 실습지를 선택한 이유, 실습을 통해 배우고 싶은 것, 실습지와 학교의 실습지도자에게 바라는 점 등을 상세하고 구체적으로 기록하여 실습기간 동안 실행에 옮긴다.

(1) 실습신청서 작성

실습생은 실습기관을 방문하여 실습담당자와 실습 가능 여부를 확인하여 실습신청서를 작성하여 실습지도교수(또는 담당직원)에게 제출하여야 한다. 신청서의 내용에 의거하여 대학에서는 사회복지현장실습 의뢰서를 실습지에 발송하기 때문에 내용이 철저히 기록되어야 한다.

실습신청서 작성 예시

실 습 신 청 서

1. 실습생 인적사항

이 름	○○○		생년월일	00. 00. 00
소 속	■■대학교	학과	사회복지학과	학번	5555555
주 소	○○시 ○구 ○○로 ○○				
연락처					

2. 실습 의뢰내용

기관명	△△△지역아동센터
현장실습 기관등록번호	–
기관주소	○○시 ○구 ○○로
연락처	(전화) (팩스)
기관분야	아동복지
실습내용	아동놀이지도 및 학습지도, 급간식지도, 행정업무 등
실습기간	2020. 01. 06 ~ 2020. 02. 28

상기 내용으로 귀 기관에 실습신청을 의뢰합니다.

실습생 : 홍 길 동 (인)

지도교수 : 전 우 치 (인)

학과장 : 김 선 달 (인)

붙임 : 실습생 프로파일 1부.

(2) 실습생 프로파일 작성

실습을 시작하기 전 기관에 제출하는 것으로, 해당 실습기관을 선택한 이유와 실습생 자신이 실습을 통해 얻고자 하는 내용을 포괄적으로 담은 소개서 및 계획서이다. 프로파일 작성 시 내용은 객관적이어야 하며 실습생의 열의와 의지가 드러나도록 작성한다.

실습생 프로파일 작성 예시

실 습 생 프 로 파 일

1. 인적사항

실습생명	○○○	성 별	여	생년월일	******
소 속	□□대학교 사회복지계열 2학년				
주 소	○○시 ○구 ○○동				
연락처					
E-mail					

2. 전공 이수교과목

교과목명	이수완료	현재이수	교과목명	이수완료	현재이수	교과목명	이수완료	현재이수
사회복지학개론	V		인간행동과 사회환경	V		사회복지실천론	V	
사회복지실천기술론		V	지역사회복지론	V		사회복지정책론		V
사회복지행정론		V	사회복지법제와 실천			사회복지조사론		
사회복지자료분석론			프로그램개발과 평가			가족복지론	V	
아동복지론			청소년복지론			노인복지론	V	
여성복지론			장애인복지론			정신건강론		
정신건강사회복지론			의료사회복지론			학교사회복지론		
산업복지론			자원봉사론	V		사회문제론		
사회복지역사	V		사회보장론		V	교정복지론		
사회복지윤리와 철학			사회복지지도감독론			사회복지현장실습		

3. 경력 사항

구분(취업,실습,봉사)	기 관	기 간	내 용
실습	△△요양원	80시간	요양보호사 자격증 취득
봉사	△△노인종합복지관	매월 2시간	손마사지, 미술수업 등
..			

4. 사회복지를 전공하게 된 동기

평소 아이를 좋아하여 아동복지에 관심을 가지고 있었고, 부모님으로 인해 노인복지에도 관심이 많아져서 사회복지를 공부하게 되었습니다. 공부를 통해 사회복지사 자격증을 취득하여 아동 및 노인복지기관에 취업하여 일하고 싶어 사회복지를 전공하게 되었습니다.

5. 실습기관 선택 이유

사회복지를 공부하면서 아동복지기관 운영에 관심이 생겼으며 실습을 통해 어떤 부분을 보강할지를 배우고 싶습니다. 전반적인 흐름을 공부하고 마음을 전하는 것은 물론 정책적으로 도움을 줄 수 있는지를 배우고 현재 거주지에 근접한 본 센터가 적합할 것으로 사료되어 선택하게 되었습니다.

6. 실습을 통해서 성취하고자 하는 목표

사회복지사에게 무엇이 필요하고 무엇이 중요한지를 이론상으로 배웠습니다. 이와 더불어 사회복지현장에서의 실질적인 사회복지사의 역할 및 활동 시 어려움 등을 경험하고 싶습니다. 지역아동센터의 전반전인 시스템과 관련 서류들을 접해보고 다양한 프로그램과 지원 시스템을 직접 보고 배워 취업 후 활용하고 싶습니다.

7. 실습을 종료 후 목표달성 정도를 파악할 수 있는 기준

학교수업을 통해서는 얻을 수 없는 현장에서의 선배들의 노하우를 배우고 실수를 줄이는 사회복지사로 근무하기를 원합니다.
또한 부족한 사회복지 행정을 좀 더 이해하고 실질적인 서비스 제공과 프로그램 개발과 관련된 보고서 작성에 익숙해지고 싶습니다.

8. 사회복지를 실천하는 데 있어 자신의 강점과 약점

1) 사회복지 지식 및 기술의 측면	2) 개인적인 특성 측면
5년간 교회 주일학교 교사로서의 경험은 학교에서 배운 것에 더하여 기술적인 부분에의 강점이 있습니다.	평소 활발하고 사교성이 뛰어난 편이며, 사람과의 관계에서도 책임감이 강한 편이라 지역아동센터 아동과의 관계형성에는 강점이 될 수 있습니다.

9. 실습기관, 실습지도자 및 실습지도교수에게 바라는 점

늦게 공부를 시작하여 나이가 많은 단점이 있지만 다양한 사회경험이 실습에서의 장점이 될 것이며 이를 바탕으로 성실히 최선을 다해 실습에 임하겠습니다.
지역아동센터에서의 프로그램이나 운영 전반과 행정업무에 대해 이해하고 문제해결에 대한 새로운 지식과 기술을 터득, 경험할 수 있는 기회가 되었으면 합니다.
지도 편달 부탁드립니다.

(3) 실습의뢰에 대한 회신서(교육기관 작성)

실습의뢰에 대한 회신서는 대학에서 실습지로 발송된 대학의 장 명의로 발송되거나 학과장 명의로 발송된 서류에 대한 실습의뢰서의 회신서류를 말한다.

(4) 실습지도계획서(실습지도자 작성)

실습지도자는 실습지의 현황을 점검하고, 실습생과 협의하여 실습계획을 작성하며, 이 계획에 따라 실습이 진행된다.

2) 사회복지현장실습 수행 단계

사회복지현장실습은 사회복지 윤리강령에 입각한 실습자세와 역할의 중요성을 인식하면서 실습에 임하게 된다. 그리고 각종 보고서와 양식의 중요성을 이해하고 기관 및 지역사회에 대한 이해와 사회복지실천 지식을 배우게 된다.

(1) 실습일지 작성

실습생들은 실습지에서의 하루 일과를 사실에 근거하여 구체적으로 기록해야 한다. 실습과 관련된 사진이나 자료를 뒷면에 부착하여 실습이 철저히 이루어졌음을 증명하여야 한다.

① 구성

실습목표, 실습내용, 실습생 의견 및 슈퍼바이저 의견, 참고자료 등으로 구성된다.

② 작성방법

- 실습목표
  - 실습일정 및 교육내용에 부합하는 목표를 기술해야 하며 평가 가능한 내용이 기록되어야 한다.
- 실습내용
  - 일과표를 실습내용으로 혼돈하지 않는다.
  - 일과표 작성 시 시간 작성방법은 일관성 있게 한다.
  - 실습일정을 시간에 따라 간단하게 요약하고 관련 자료는 모두 일목요연하게 정리한다.

– 실습지도감독이 가능하도록 구체적이고 객관적으로 기술한다.
– 실습일지는 개인 일기가 아니므로 실습일과에 대한 실습생 개인의 감정, 의견, 느낌 등은 가능한 한 피한다.
– 클라이언트 중심의 과정 기록 형식을 취하도록 한다.
– 가능한 한 전공용어를 사용하여 기록하며, 단어의 사용은 정확하게 한다.
– 강의를 들었을 경우 강의내용을 요약·기록하고, 특히 강의내용을 실습에 어떻게 적용할지 기록한다.
– 프로그램을 직접 진행하지는 않았지만 보조 진행자로 참여하였거나 단순히 관찰만 하였을 경우, 프로그램 진행지도자의 진행방법을 자세하게 기록한다.
– 매일 반복되는 일과를 기록하기보다 클라이언트의 반응, 태도를 기록한다.
– 작성분량이 많을 경우 뒷면의 참고사항 란을 활용하여 기록한다.

- 실습생 의견 및 슈퍼비전
  – 당일 실습내용과 연관되는 기관의 정책이나 서비스의 양적·질적 수준, 프로그램의 내용, 보건 및 물리적 환경수준, 급식 및 간식 등에 대해서도 주의 깊게 평가한다.
  – 실습 중 사회복지사로서의 윤리적 딜레마를 경험할 경우, 상황을 기록하고 실습생의 의사결정이나 대처방안을 제시한다.
  – 실습 중 직면하게 된 문제점 혹은 불만 사항을 지적할 경우에는 비심판적인 태도에 근거하여 기록한다.
  – 클라이언트를 관찰하고 사정하는 것도 중요하지만 통찰력 있는 접근이나 의도적인 개입에 대해서 명료하게 기록한다.
  – 기관에서 받은 지도내용을 기록한다.
  – 사실에 기초하여 기록하되 발전 진행적으로 기록한다.
  – 기관에서 요구하는 사항을 우선적으로 존중하여 작성한다.

사회복지현장실습 일지 예시 1(종합사회복지관)

슈퍼바이저	기관장

사회복지현장실습 일지

<table>
<tr><td colspan="2">2019년 8월 14일 수요일 (9일차)</td><td>실습생명</td><td>김 ○○</td></tr>
<tr><td>근무 시간</td><td>10:00 ~ 19:00</td><td>근무 부서</td><td>복지관 자료실</td></tr>
<tr><td>실습 목표</td><td colspan="3">• 프로포절 작성 방법을 이해할 수 있다.
• 중간평가회를 통해 실습수행에 대한 중간점검을 할 수 있다.</td></tr>
<tr><td>실습 내용</td><td colspan="3">1. 10:00~12:00 – 프로포절 회의 : 신청기관 현황, 성과 중심형 사업계획서 작성 논의
2. 12:00~13:00 – 점심시간
3. 13:00~14:00 – 교육문화사업, 마을밥상, 장애전환교실의 이해 : 가족기능 강화사업, 가정문제해결 치료사업, 부양가족 지원사업, 지역사회 보호사업
4. 14:00~16:00 – 중간평가회(중간평가서 발표) : 실습목표와 관련된 실습 내용 및 역할에 대한 평가, 실습에서 어려웠던 점 등을 바탕으로 실습생의 소감발표
5. 16:00~16:30 – 마을복지센터 견학
6. 16:30~19:00 – 장애돌봄서비스 한울패밀리 업무지원 “요리교실” : 치킨마요덮밥 만들기 보조</td></tr>
<tr><td>실습생 자기평가</td><td colspan="3">오늘 오후에는 중간평가회의 시간을 가졌습니다. 실습생 모두가 실습에서 어려웠던 점과 자신의 보완할 점 등을 중심으로 간단하게 소감을 말하고 지도자 선생님들과의 피드백을 통해서 앞으로 남은 실습을 어떻게 마무리할지를 생각할 수 있었던 것 같습니다. 상황에 맞게 현실적이면서 세심하게 조언해 주신 부장님과 실습지도자 선생님께 감사드립니다.</td></tr>
<tr><td>슈퍼바이저 의견</td><td colspan="3">중간평가를 통해 본인의 실습방향과 목표를 다시 한번 더 생각할 수 있습니다. 그리고 본인이 생각한 실습방향과 궁금한 것이 있으면 언제든지 질의해 주시면 알고 있는 한에서 답변 해드리겠습니다.</td></tr>
</table>

사회복지현장실습 일지 예시 2(장애인주간보호센터)

슈퍼바이저	기관장

사회복지현장실습 일지

년 월 일 요일 (0일차)		실습생명	홍 ○ ○
근무 시간	10:00 ~ 18:00	근무 부서	○○장애인주간보호센터
실습 목표	• 장애인복지대회 참여를 통해 대회의 목적 및 사회복지사의 역할을 알 수 있다. • 지적장애인 자기주장권리대회의 목적에 대해 이해한다.		
실습 내용	• 09:30 ~ 10:30 출근 및 오늘 활동 점검 및 준비 • 10:30 ~ 11:00 센터 출발. OO시 서구문화회관 도착 • 11:00 ~ 12:00 OO지적장애인 복지대회 참가 • 12:00 ~ 12:30 OO시 서구문화회관 출발. 센터 도착 • 12:30 ~ 13:30 중식(개별 식사지도 및 뒷정리) • 13:30 ~ 14:00 대상자 양치질 보조 • 14:00 ~ 16:00 실내활동 및 휴식 • 16:00 ~ 16:30 개별 복장 및 소지품 정리. 하원준비 • 16:30 ~ 18:00 청소, 뒷정리 및 일과정리		
실습생 자기평가	지적장애인 복지대회에 참가하였다. 대상자들도 실습생들도 모두 바쁘고 정신없는 하루지만 지적장애인 대회의 목적 및 사회복지사의 역할 등에 대해 알게 되어 보람 있었고, 지적장애인들의 복지를 위해 애쓰는 모든 손길들에 감사하는 마음을 갖는 하루였다.		
슈퍼바이저 의견			

참 고 사 항(일지 외 기록사항)

제18회 대구지적장애인 복지대회

※ 자기주장운동이란?

- 본인을 위해 외치는 것이다.
- 자기존중감을 복돋우는 것이다.
- 자기의 능력과 가치를 인정해 줄 것을 요구하는 것이다.
- 차별이 본인에게 어떤 영향을 주는가에 대해 배우는 것이다.
- 학습이나 사회생활에서 생기는 문제가 본인의 무능력 때문이 아니라 차별과 기회의 부족으로 인한 것임을 깨닫는 것이다.

※ 지적장애인 자기주장대회의 목적

지적장애인 자기주장대회는 지적장애인이 자신의 권리를 주장하게 함으로 자아존중감을 향상시키고, 사회에서 소홀히 하는 지적장애인의 권리와 의무를 비장애인과 같이 확보할 수 있는 계기를 갖기 위함이다.

※ 실습에 대한 중간평가가 구두로 진행되었다. 2주간의 경험에서 느낀 바는 내가 하고자 하는 일의 가치를 항상 잊지 않는 자아인식의 과정을 공고히 해야 한다는 것이다. 대상자들을 시혜적이고 온정적인 시각으로 바라보는 것에서 탈피해 지적장애인들이 우리 사회의 구성원으로 함께 어울려 살아갈 수 있도록 도와주어야겠다. 아직은 명확하고 뚜렷한 무엇인가를 깨닫지는 못하였지만, 한 가지 꼭 잊지 말아야 할 것은 직업에 대한 확고한 가치는 꼭 부여잡고 가야 한다는 점일 것이다.

사회복지현장실습 일지 예시 3(노인요양원)

사회복지현장실습 일지

슈퍼바이저	기관장

<table>
<tr><td colspan="2">년 월 일 요일 (0일차)</td><td>실습생명</td><td>박 ○○</td></tr>
<tr><td>근무 시간</td><td>09:00 ~ 18:00</td><td>근무 부서</td><td>요양수발팀 및 복지팀</td></tr>
<tr><td>실습 목표</td><td colspan="3">1. 노인 특성 및 노인복지 민간 전달체계를 설명할 수 있다.
2. 국민기초생활 보장법에 대해서 설명할 수 있다.</td></tr>
<tr><td>실습 내용</td><td colspan="3">○09:00~10:00 : 청소(출입문 계단, 화장실 출입문 스윙도어 닦기 및 소독)
○10:00~11:00 : 와상 환자 약복용 관찰하기
○11:00~12:00 : 오전 교육(노인 특성 및 서비스 전달체계)
– 노인의 신체적 특성/ 노인성 질환의 특성/ 심리적 특성
– 노년기의 특성 이해하기
– 노인복지 서비스 민간 전달체계 이해하기
○12:00~13:00 : 점심 식사 지원
○13:00~14:30 : 오후 교육(국민기초생활 보장법)
– 국민기초생활 보장법의 정의
– 국민기초생활 보장의 형태별 지원서비스
○14:30~16:00 : 일상 업무 지원
– 수급자 응급 상황 시 행동요령 익히기
– 체온, 심장박동, 혈압, 소독 등
○16:00~17:00 : 생활실 정리하기
○17:00~18:00 : 마무리 및 실습일지 작성</td></tr>
<tr><td>실습생 자기평가</td><td colspan="3">○응급상황에 대한 대응 방법 숙지 및 훈련이 필요하며 노인의 특성을 잘 이해하는 노력이 필요할 것으로 판단된다.
○노인복지서비스가 지속적으로 발전하지만 그 바탕에는 가족과의 관계 및 결속력이 있어야 할 것이다. 현실적인 대안은 시설에서의 요양보호이지만 당사자 개인은 가족 친화적인 케어를 원하기 때문이다.</td></tr>
<tr><td>슈퍼바이저 의견</td><td colspan="3">○재활이란 신체・정신적 기능장애가 있는 사람들이 자신의 능력을 최대한으로 개발하여 최적의 상태로 생활할 수 있도록 도와주는 역동적 과정을 말하며 시설서비스로는 물리치료, 작업치료, 음악미술치료 등이 있습니다.
○소독, 응급처치, 심폐소생술, 체온체크, 상비약 확인 점검 정도는 반드시 익혀두고 실제 상황에서 사용할 수 있는 능력을 연습하세요.</td></tr>
</table>

사회복지현장실습 일지 예시 4(지역아동센터)

슈퍼바이저	기관장

사회복지현장실습 일지

<table>
<tr><td colspan="2">년 월 일 요일 (0일차)</td><td>실습생명</td><td>○○○</td></tr>
<tr><td>근무 시간</td><td>10:00 ~ 18:00</td><td>근무 부서</td><td>지역아동센터</td></tr>
<tr><td>실습 목표</td><td colspan="3">• 지역아동센터 5대 의무교육의 중요성을 알 수 있다.
• 기본적인 업무를 보조하여 지역아동센터의 업무를 이해할 수 있다.</td></tr>
<tr><td>실습 내용</td><td colspan="3">○ 09:30~11:00 : 5대 사업 프로그램의 중요성에 대해 이론 교육
– 5대 영역 프로그램, 5대 의무교육에 대하여 교육함
○ 11:00~12:00 : 프로그램 계획서, 일지, 평가서에 대해 살펴봄
○ 12:00~13:00 : 중식
○ 13:00~14:00 : 집단지도실 사물함 정리 및 옥상 정원 정리
○ 14:00~16:30 : 영어 수업준비 보조, 학습지 채점, 독서지도
– 1학년 아동 영어 알파벳 지도, 젬블로 게임 진행
○ 16:30~16:45 : 간식준비 및 지도
○ 16:45~18:00 : 저녁급식지도, 집단지도실 정리, 아동 귀가지도
– 저녁 급식을 준비하고, 아이들에게 식사예절 지도</td></tr>
<tr><td>실습생 자기평가</td><td colspan="3">○ 생활복지사님께서 교육으로 부재중이라 걱정했지만 센터장님을 비롯한 다른 선생님들 덕분에 아이들 관리를 잘 할 수 있어서 좋았다.
○ 아이들의 이름을 불러주면서 학교에서 있었던 일들을 물어보면서 간식을 먹였고, 저녁 급식을 준비하고 아이들이 식사하는 동안 바른 자세를 가질 수 있도록 지도하였다. 오늘은 더 많은 아이들과 대화를 나눌 수 있어서 실습생이 아닌 복지사가 된 것 같아 감회가 남달랐다.</td></tr>
<tr><td>슈퍼바이저 의견</td><td colspan="3">○ 지역아동센터 운영 관리를 위한 공문서 발송, 회계 업무, 프로포절, 아동관리 등 업무를 이해하고 실천하는 시간이 되었기를 바랍니다. 수고하셨습니다.</td></tr>
</table>

(2) 실습기관 분석보고서 작성

실습기관 분석보고서는 본인이 실습한 실습기관에 대한 사회, 문화, 환경, 지역사회자원, 프로그램 등을 파악하여 기록한다.

① 작성목적

- 실습진행 중 실습생이 기관의 행정 및 업무 전반에 대해 파악하기 위해 기관에 관한 조사 내용을 보고서로 작성한다.
- 이는 기관의 설립취지 및 성격 그리고 지역사회의 특성에 따른 기관의 사업 내용 등을 포괄적으로 파악하고, 종사자들의 특성 및 역할을 알아보는 데 목적이 있다.

② 구성

- 기관의 역사, 기관의 설립목적, 주요 사업 및 프로그램, 행정사항, 지역사회, 물리적 환경, 지역 내 타 기관과의 연계, 기관의 특별한 면이나 전반적인 사항에 대한 인상이나 느낌을 개조식으로 기술한다.
- 실습생이 실습을 수행하는 과정에서 보고, 듣고, 느낀 부분을 타인에게 설명할 수 있도록 객관적 사실에 기반하여 작성하여야 한다.

③ 기관분석보고서 작성방법

- 기관의 역사 : 설립동기 및 목적, 기관사업의 역사적 변천, 기관 역사에 대한 실습생의 평가 등을 작성한다.
- 기관의 목적 : 기관 및 시설이 지역사회에서 어떤 역할을 수행하며 존재하고 있는가를 제시한다.
- 기관의 주요 사업 및 프로그램 : 클라이언트 및 대상지역, 주요 사업, 서비스 전달체계, 기관의 대상 층 및 주요 사업에 대한 실습생의 평가를 작성한다.
- 기관의 행정사항 : 기관의 조직구조, 예산, 후원 및 지원사항, 기관의 행정구조와 예산 사용 및 후원에 대한 실습생의 평가를 작성한다.
- 기관이 속한 지역사회, 물리적 환경의 특징 : 지역사회, 물리적 환경(시설공간 등), 지역사회의 역사적 배경, 인구학적 특성 등과 기관이 가진 물리적 인프라 요소에는 어떤 것이 있는지 기술한다.

- 사회복지기관으로서 지역 내 타 기관과의 연계 : 관계유형 및 내용, 기관의 타 기관과의 관계유지에 대한 실습생의 평가, 기관이 연계하여 사업을 진행하는 공식적 조직과 비공식적 조직과의 관계성을 기술한다.
- 기관의 특별한 면이나 전반적인 사항에 대한 인상이나 느낌 : 앞서 제시한 내용에 포함되지는 않지만 기관분석에 중요한 사항이라고 판단되는 내용을 포함한다.

실습기관 분석보고서 작성예시

실습기관 분석보고서

실습생명	○○○	기관명	□□□
기관주소	(전화 :)		
기관소개자	김 ○ ○ (부서 : 직책 : 시설장/사회복지사)		

1. 기관의 역사

(1) 기관 설립동기

현대사회가 급속히 노인고령화 사회로 접어들고 경제적 문제로 인해 가정의 질서가 파괴되어 노인문제가 심각히 대두되는 등 사회복지영역의 사각지대에 놓인 어르신들이 늘어나게 되면서 노인생활시설의 필요성이 절실해졌다. 이에 따라 올바른 복지사회 구현을 실천하고 정부가 채우지 못하는 사각영역의 한 부분을 담당하고자 설립하였다.

(2) 기관 사업의 역사적 변천(연역 참조)

(3) 기관 역사에 대한 실습생의 평가

노인대학 및 사랑의 반찬나눔 등으로 시작하여 독거노인을 포함한 도움이 필요한 노인들에게 양질의 서비스를 제공하고자 하는 설립자의 의로운 의도가 잘 실현되고 있는 시설이다.

2. 기관의 목적 : 강원도 ○○군 내 거주 치매 및 거동불편 노인에 대한 요양

3. 기관의 주요 사업 및 프로그램

(1) 클라이언트 및 대상 지역

노인요양시설인 □□□은 ○○시에 위치해 있으며, 보호자 및 지역사회의 접근성이 용이한 입지조건을 갖추고 있으며, 시설 내부 및 설비를 최신식으로 제공하여 입소 어르신의 휴양 및 심신의 안정을 극대화할 수 있는 최상의 서비스를 제공하고 있다.

(2) 주요 사업

대분류	소분류
1. 치매 예방 및 관리 프로그램	① 소그룹프로그램 ② 언어치료 ③ 작업치료
2. 여가활동 프로그램	① 예배 ② 생신 잔치 ③ 국·공휴일 행사 ④ 레크리에이션
3. 지역사회 연계 활동 프로그램	① 지역사회행사 참여 ② 초청행사
4. 기능회복 훈련	① 일상생활 동작 훈련 ② 신체기능훈련 ③ 기본 동작 훈련

(3) 서비스 전달체계

- 20여 명의 입소인원과 14명의 요양보호사들이 공동체적인 생활을 하고 있다.

(4) 기관의 대상층 및 주요사업에 대한 실습생의 평가

- 다양한 프로그램을 통해 각종 기능의 퇴화 방지와 기능 향상을 촉진시키고, 더불어 삶의 만족도와 삶의 질을 향상
- 각 프로그램 진행 후 만족도 조사를 시행하여 이를 다음 계획에 반영

4. 기관의 행정사항

(1) 기관의 조직구조

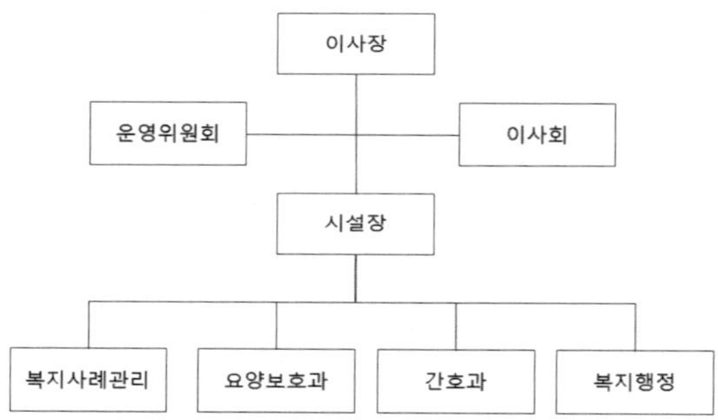

(2) 예산, 후원 및 지원사항

- 연간 예산 : 6억3천2백만 원/ 6억3천2백만 원(2019년 기준)
- 상시 후원 : 개인후원 500여만 원/ 군청 약 500~600만 원/ ○○군 명절음식 지원
- 지　　원 : 휠체어 무료 수리(○○군장애인협회)

(3) 기관의 행정구조와 예산 사용 및 후원에 대한 실습생의 평가

약 10여 년간 운영되어 온 시설로서 행정구조와 예산 사용 계획/ 결과에 대해서는 매우 신뢰성이 있어 보였으며, 예산의 규모는 클라이언트 및 요양보호사들 관리 및 시설운영에 있어 부족한 것으로 보이지는 않았다.

5. 기관이 속한 지역사회, 물리적 환경의 특징

(1) 지역사회

노인요양시설인 □□□은 ○○○에 위치해 있으며, 보호자 및 지역 사회의 접근성이 용이한 입지조건을 갖추고 있으며, 시설 내부 및 설비를 최신식으로 제공하여 입소 어르신의 휴양 및 심신의 안정을 극대화할 수 있는 최상의 서비스를 제공하고 있다. 또한 청결함과 채광, 환기 등을 최대한 고려한 인테리어로 구성, 보호자의 내방이 언제든 가능하고, 쾌적한 환경에서 편안한 면회가 가능한 장점이 있다.

(2) 물리적 환경(시설, 공간 등)

타 기관들과의 연계로 ○○지역 축제, □□제, ○○ 축제와 다양한 자원봉사자들과 함께하는 프로그램으로 클라이언트에게 만족스러운 서비스와 혜택을 제공한다. 또한 시내와의 가까운 지리적인 이점으로 응급상황 시 차량 또는 구급차를 이용, 협력 의료기관과 원활한 연계가 가능한 대응체계를 갖추고 있다.

6. 사회복지기관으로서 지역 내 타 기관들과의 연계

(1) 관계유형 및 내용

○○군 내의 군청, 대한노인회 ○○군지회, ○○군 보건소, 의료법인 ○○원, △△병원 등 모든 기관 및 시설과 연계되어 있다.

(2) 기관의 타 기관과의 관계유지에 대한 실습생의 평가

지역 내 각종 축제 및 유관 기관들과의 유기적인 관계를 통해 만족스러운 서비스를 제공하고 있다.

7. 기관의 특별한 면이나 전반적인 사항에 대한 인상이나 느낌

노인요양시설의 특징 중 하나는 치매증상이 있는 클라이언트가 많다는 것이다. 같은 생활실의 클라이언트가 치매로 인해 갈등이 생기고 다툼이 생겨 아침 회의 시간에 큰 소리가 나서 모두가 놀라는 상황이 있었다. 어떻게 해야 하는지 몰라서 지켜만 보았는데, 실습지도 선생님께서는 전혀 당황하지 않으시고 차분히 클라이언트의 마음을 진정시켜 드리고 한 분을 휠체어로 이동시켜 산책하자고 하시며 분위기를 전환시키셨다. 그리고 생활실에 남아계신 클라이언트의 이야기를 들어주시고 마음을 이해해 드렸다. 유연하게 대처하시는 모습을 보면서 예비사회복지사로서 많은 것을 배웠고, 모든 위급상황에 먼저 당황하지 않고 상황을 넓게 보는 연습을 해야 한다는 것을 알게 되었다.

(3) 실습중간평가서 작성

실습생은 실습 중반기에 자신의 실습과 실습수행 전반에 대해 중간평가서를 작성하고 이를 토대로 실습지도자와 실습중간평가를 진행한다.

실습 중간평가는 초기 자신이 수립한 실습목표가 잘 수행되고 있는지에 대해 실습생 스스로 점검한다는 데 의의가 크다고 할 수 있다. 뿐만 아니라 실습지도자와 동료 실습생 그리고 기관종사자들의 피드백을 통해 실습생의 성장한 점과 노력해야 할 부분을 확인하여 실습 종결 시까지 자신의 성장을 위해 구체적으로 노력할 수 있다.

▶ 실습중간평가서는 실습기관의 특성에 따라 형식과 내용이 달라질 수 있다.

▶ 사례관리 계획서, 진행보고서, 종결보고서 등의 과제는 한국사회복지사협회에서 제시하는 실습지도 지침에 제시된 양식을 따르되 기관 및 서비스 대상에 맞게 수정하여 활용이 가능하다.

▶ 사례관리 관련 과제물의 경우 기관의 특성 및 사례관리 사업 수행 여부에 따라 과제 수행 여부가 결정된다.

3) 사회복지현장실습 종결 및 평가 단계

(1) 실습종결보고서 작성

실습종결보고서는 실습을 종결한 후 실습생이 실습과정 등을 되돌아보며 스스로 평가하여 작성하여 실습 종료 일주일 전 또는 기관이 원하는 일정 안에 기관 실습지도자에게 제출한다. 이를 토대로 기관 실습지도자, 동료실습생, 기관 종사자 등과 더불어 실습과정 전반에 걸친 실습생의 역할과 실습내용에 대해 총 평가를 진행한다.

▶ 실습종결평가서는 실습기관의 특성에 따라 형식과 내용이 달라질 수 있다.

(2) 사회복지현장실습 확인서(실습기관 작성)

사회복지현장실습 확인서는 실습지에서 확인하여 날인한 후 기타 첨부자료를 첨부하여 제출한다. 사회복지현장실습 확인서는 추후 사회복지사 자격증을 발급받고자 할 때 사회복지사협회에 원본을 제출하여야 한다.

이에 총 실습시간, 실습기간, 기관장 및 슈퍼바이저 날인, 실습지도교수의 날인 등을 꼼꼼히 확인하여 미비함이 없어야 한다.

* 실습확인서 양식 참조

(3) 실습평가서(실습기관 작성)

실습기관에서는 실습생의 실습 전반을 평가하여 점수를 부여하며, 이를 실습지도교수에게 제출하여야 한다. 이 평가서 점수는 사회복지현장실습 교과목 학점부여의 근거자료가 된다.

* 실습평가서 양식 참조

정리하기

1. **사회복지현장실습 수행 전 제출서류**
   실습신청서, 실습생 프로파일(실습계획서) 작성
2. **사회복지현장실습 수행 단계**
   사회복지현장실습일지, 기관분석 보고서, 실습중간평가서 작성
3. **사회복지현장실습 종결 및 평가단계**
   실습종결보고서 작성, 실습평가서, 실습확인서 점검

5. 사회복지현장실습의 책임성

1) 실습생의 책임

- 비밀보장의 원칙을 지킨다.
- 실습일정에 따라 출석하는 것을 원칙으로 한다.
- 실습계획에 따라서 모든 업무를 수행한다.
- 모든 실습업무는 계획된 실습시간을 활용해야 한다.
- 기관의 규범에 따라 복장에 유의한다.
- 학습경험을 최대화하기 위해 토의가 필요한 부분은 미리 파악해둔다.
- 실습일지를 비롯하여 모든 과제물은 정해진 시간에 맞추어 제출한다.
- 실습지도자의 지도감독 시간에 성실하게 임한다.

- 자신의 학습경험과 발전을 검토할 수 있도록 지도감독 내용을 실습일지에 기록한다.
- 실습지도교수와 실습과정에 관한 정보를 공유하기 위해 개별 집단지도를 받아야 한다.
- 자신의 교육욕구와 관심에 대해 실습지도자와 자유롭게 의사를 교환한다.
- 실습업무와 관련된 갈등 문제는 실습지도자나 실습지도교수와 의논한다.
- 실습평가서와 현장교육에 대한 실습생의 의견을 제출하여야 한다.

2) 실습기관의 책임

- 실습지도 자격을 갖춘 실습지도자가 있어야 한다.
- 보다 효과적인 실습경험을 제공하기 위해 적당한 물리적 공간과 시설을 제공해야 한다.
- 기관과 기관이 위치한 지역사회에 대해서 오리엔테이션을 제공한다.
- 클라이언트와의 직접적인 경험을 포함하여 적절한 학습경험을 제공한다.
- 사회복지전문직 가치와 윤리에 대한 책임을 명시한다.
- 실습교육과 관련하여 학교와 긴밀한 협조관계를 유지한다.
- 실습교육과 학습목적에 부합하는 적절한 과제를 부여하고 이에 대한 지도감독을 실시한다.

3) 실습지도자의 책임

- 실습생 교육에 책임을 인식하고 있어야 한다.
- 실습지도자 자신이 사회복지실천가로서 실습생의 귀감이 될 수 있어야 한다.
- 실습교육 이전에 실습지도 목적과 지도방침을 설정해 놓아야 한다.
- 실습생의 욕구를 이해하고 이와 관련하여 적합한 교육을 할 수 있는 준비를 해야 한다.
- 실습교육에 요구되는 물품, 공간, 예산 등이 준비되었는지 사전에 점검한다.
- 실습이 시작되기 전 오리엔테이션, 실습생을 위한 학습공간, 업무의 선정, 실습교육을 위한 협조인력 등을 미리 준비한다.

- 기관 내 직원들에게 실습계획 및 일정을 공지하고 실습생을 공식적으로 소개시킨다.
- 실습교육을 위한 업무시간을 할애해야 한다.
- 관련 이론이나 지침에 대한 교육, 정기적이고 구체적인 슈퍼비전을 제공해야 한다.
- 사회복지 교과과정 내용에 대한 포괄적인 이해가 있어야 한다.
- 실습생을 위한 실무지도뿐만 아니라 정서적 지지 또한 제공할 수 있어야 한다.
- 실습목표에 부합하는 과제를 제시하고 과제물에 대한 적절한 피드백을 제공해야 한다.
- 실습교육목표에 부합하는 실습지도가 이루어질 수 있도록 학교와 협조체계를 유지한다.
- 실습생의 업무수행 능력과 태도를 평가한다.
- 평가는 중간, 종결평가 2회가 적정하며, 실습종결 후 2주일 내에 학교로 평가서와 확인서를 제출한다.

4) 학교의 책임

- 한국사회복지사협회, 한국사회복지교육협의회의 실습교과목 운영지침을 숙지하고 이를 반영하여 실습교육을 수행한다.
- 사회복지현장실습 오리엔테이션을 기획하고 운영한다.
- 현장실습과 관련된 행정적 절차를 총괄한다.
- 실습교육의 질적인 향상을 위해 기관의 실습계획서를 점검하고 기관과 실습지도자의 의견을 수렴하여 협의할 수 있도록 간담회 및 세미나를 주최한다.
- 실습교육 과정의 지속적인 평가와 개발에 있어 실습지도자를 참여시킨다.
- 실습생을 실습기관과 실습지도자에게 위임하고 적극적으로 지원한다.
- 실습에 참여하는 학생들에게 정서적 지지를 제공하고 현장에서 부딪히는 어려움을 해결할 수 있도록 슈퍼비전을 제공하여 효과적으로 과업을 수행하도록 돕는다.

- 실습생이 실습기관이나 실습지도자와의 갈등으로 어려움을 겪을 경우 이를 중재한다.
- 기관방문 및 전화통화를 통해 원활한 실습이 진행되도록 원조한다.
- 실습세미나를 통해 학생들이 자신의 경험을 공유하고 확장하도록 한다.
- 실습생의 실습수행 과정 및 결과에 대해 평가한다.
- 실습기관의 피드백을 반영하여 교육과정과 내용을 수정・보완한다.
- 실습에 대한 이론교육도 함께 진행되도록 한다.

정리하기

1. 사회복지현장실습의 책임성
   실습생, 실습기관, 실습지도자, 학교의 책임성에 대한 이해

6. 사회복지현장실습에서의 지도감독

1) 실습지도감독의 개념과 기능

사회복지 실습현장에서 슈퍼비전이란 전문적인 지식, 기술, 경험 등을 갖춘 유능한 실습지도자가 훈련을 이수하는 실습생에게 사회복지의 지식과 실천기술을 교육하기 위해 광범위하게 사용하는 교육적・행정적・지지적 기능을 갖는 복합적인 과정이다. 슈퍼비전의 3대 기능은 다음과 같다.

(1) 교육적 기능

사회복지사의 전문지식과 기술발전을 도모・사회복지사의 자립, 자질향상과 자아의식을 높이는 데 초점을 둔다.

㉠ 사회복지사와 클라이언트 간의 상호작용을 상세하게 분석함으로써 사례접근과 개입에 필요한 지식과 기술 및 태도를 가르치고, 원조과정 중에서 필연적으로 나타나는 사회복지사 자신의 버릇이나 성격 등을 자각시켜 통제할 수 있도록 지도한다.

(2) 행정적 기능

기관의 정책과 공적 책임의 이해, 사회복지사가 실무를 효과적으로 수행할 수 있도록 작업환경을 구성하여 클라이언트에게 질적이며 효율적인 서비스를 전달하는 데 초점을 두고 있다.

예 실습지도자의 업무계획, 업무할당, 업무위임, 조정, 감독, 평가 등이 행정적 기능이다.

(3) 지지적 기능

사회복지사가 직무 가운데 직면하는 문제를 정신적, 정서적인 면에서 지지하고 원조함으로써 효과적으로 업무를 수행할 수 있도록 심리적, 대인관계적인 자원을 제공하는 데 초점을 둔다.

예 클라이언트와의 갈등이나 동료와의 업무적 관계에서 나타나는 심리적 문제에 대해 지지하고 격려한다.

2) 실습지도자의 역할

(1) 실습지도자의 역할

- 실습생의 실습업무가 효율적으로 이루어지도록 책임진다.
- 실습생이 학교에서 배운 전문지식과 기술을 활용하고 실습지도감독을 통하여 얻어진 새로운 지식과 기술을 이용하여 클라이언트에게 질 높은 서비스를 전달한다.
- 실습생들이 자신의 능력과 한계에 대한 통찰력을 갖고 클라이언트를 원조하며 전문인으로서 성장하도록 지도한다.

(2) 실습지도자의 책임

- 실습지도자는 자기인식을 통해 성격상의 강점과 약점, 전문적 지식의 장・단점, 편견, 선입견 스트레스, 자신의 지도감독 스타일에 관한 통찰이 필요하다.
- 실습생과 함께 자신의 지식과 기술, 정보와 자료를 공유하고 토론한다는 점에서 상호 협력적이며 수평적인 관계를 유지하여야 한다.

3) 실습지도감독의 유형

(1) 개별 지도감독

- 실습지도자와 실습생의 일대일 관계 안에서 이루어진다.
- 사례에 따라 매주 정기적으로 장기간에 걸쳐 행해지는 지도감독에서부터 필요에 따라 부정기적으로 행하여지는 지도감독까지 다양하다.
- 개별 지도감독은 실습생의 자기 인식을 증진하고 실습생의 약점을 변화시키거나 보완하기 위해 실습지도자의 의도적인 개입이 요구된다.

(2) 집단 지도감독

- 집단 지도감독은 사례발표나 사례회의를 활용하는 경우가 많다.
- 다수의 실습생이 함께 사례나 프로그램 전반의 진행과정에 관해 토론함으로써 동료 간, 실습지도자와 실습생 간에 서로의 경험을 공유하면서 원활한 의사소통을 꾀하고 집단 안에서 문제해결 과정을 체험하기도 한다.

(3) 실황 지도감독

- 기록에 의하지 않고 생생한 장면을 양자가 직접 경험할 수 있다는 장점이 있다.
- 실제로 클라이언트를 만나서 면접을 하는 과정 등 실제 사례를 활용한 지도감독의 유형을 의미한다.

(4) 동료집단 지도감독

- 전형적인 지도감독의 형태라고 할 수 없지만 사용하는 방법에 따라서 학습목적을 달성할 수 있는 가능성이 인정된다.
- 동료 간의 상호교류 자체가 사회적 지지의 역할을 한다는 점에서 가치가 있다.
- 실습지도자의 개입이나 참관 없이 동료들이 서로의 사례를 검토하며 자연스러운 분위기 속에 자기의 의견과 생각을 표현할 수 있는 기회를 가질 수 있다.

4) 실습지도감독의 활용

(1) 개별 지도감독

- 실습교육의 일환으로 실습현장에서 실습생들이 기관의 실습지도자로부터 실습업무에 대해 지도, 조정, 평가를 받음으로써 업무 수행에 도움을 받는 것이다.

- 실습생은 실습지도자와의 긍정적인 관계를 통해서 교육적, 행정적, 지지적 지도감독을 적극적으로 활용할 수 있다.

(2) 집단 지도감독

- 학교교육의 일환으로 주어지는 실습교육의 중요한 부분으로서 실습기관에서 충분히 달성하지 못한 실습생들의 욕구를 보완해 주고 더욱 효과적인 실습교육이 이루어질 수 있도록 교육적, 행정적, 지지적 차원에서 실습지도 교수가 실습생들을 돕는 것을 말한다.

정리하기

1. 사회복지현장실습에서의 지도감독
   - 실습지도감독의 개념과 기능 : 교육적 기능, 행정적 기능, 지지적 기능
   - 실습지도자의 역할과 책임
   - 실습지도감독의 유형 : 개별, 집단, 실황, 동료집단
   - 실습지도감독의 활용 : 개별, 집단

제 2 장

사회복지현장실습 기초지식

제 2 장 사회복지현장실습 기초지식

1. 사회복지실천 원리

1) 사회복지실천의 원리

사회복지실천은 정부가 수립한 사회복지정책을 기반으로 효과적이고 효율적으로 수행하기 위해 사회복지행정을 통해 실천으로 옮겨진다. 따라서 사회복지정책은 사회복지실천현장을 잘 반영하고 있어야 하며, 사회복지행정은 사회복지정책과 사회복지실천을 아울러야 한다. 그리고 사회복지실천은 주민의 욕구와 지역사회의 현실에 중점을 두고 있어야 한다(최옥채, 2010).

(1) 사회복지실천현장을 반영하는 사회복지정책

사회복지정책은 사회복지를 집행하도록 법이나 규정을 통해 제도화된 것을 말한다. 사회복지정책은 제도를 벗어나 특정 기관이나 개인에 의해 임의로 시행될 수 없다. 나아가 사회복지정책이 제대로 수립되어야 서비스를 받는 대상자의 만족도도 높아질 것이다. 따라서 사회복지정책은 사회복지의 대상자와 사회복지를 실천하는 현장의 상황을 최대한 반영하여 수립되어야 할 것이다.

(2) 사회복지정책과 사회복지실천현장을 아우르는 사회복지행정

사회복지행정은 사회복지정책이 효과적이고 효율적으로 시행될 수 있도록 체계적으로 조직된 공공의 인적 구성이라 할 수 있다. 사회복지행정은 사회복지정책과 사회복지실천현장 간의 가교 역할을 해야 하기 때문에 이 둘을 아우를 수 있어야 한다. 사회복지실천에 필요한 재정적 지원을 하는가 하면, 지원된 재정이 올바로 집행되는지 감독하는 것도 사회복지행정의 중요한 역할이다.

(3) 주민의 욕구와 지역사회 현실에 중점을 둔 사회복지실천

사회복지정책에 따라 사회복지 대상자에게 서비스를 전달하는 사회복지실천은 사회복지기관이 주도한다. 사회복지정책은 모든 사회복지실천에 관하여 구체적인 서비스 내용을 세세하게 규정할 수 없기 때문에 사회복지기관이 대상자들의 세부적인 상황을 파악하여 서비스를 제공하여야 한다. 이때 사회복지기관은 주민의 욕구와 지역사회의 요구를 정확히 파악하고 현재의 상황에 맞는 서비스를 시행하여야 한다. 아무리 좋은 서비스라도 대상자와 지역의 현실을 제대로 반영하지 못할 경우 대상자들의 만족도는 낮아지고 효과적인 사회복지실천은 요원해질 것이다.

2) 전문가로서의 사회복지실천 원리

(1) 사회복지실천은 사회복지사 자신의 인식과 성찰이 기반이 된다

숙련된 사회복지사는 타인과 관계할 때 자신의 독특한 태도와 스타일을 의도적으로 활용한다. 자신의 특별한 강점을 발견하고 형성하며, 자신의 약점이 미치는 부정적 영향을 최소화하기 위해 자기 자신에 관해 계속적으로 점검하고 성장하도록 노력해야 한다.

(2) 사회복지사는 전문적 관계를 통해 클라이언트를 이해하고 수용하되 객관성을 유지해야 한다

사회복지사는 통제된 정서적 관여를 통해 균형을 유지할 수 있으며, 사회복지사와 클라이언트 간의 적절한 정서적 거리는 건강한 것이며 전문적 객관성을 유지하려고 노력하는 것이 사회복지사의 소진을 예방하는 방법이 된다.

(3) 사회복지실천은 다양한 사람들과 함께하는 활동이다

사회복지사는 인간의 독특성을 이해하고 존중해야 하며, 다른 사람이 경험하는 세상의 흐름을 읽고 삶에 대한 개방적인 관점과 지식을 가져야 한다.

(4) 사회복지실천은 의식적으로 지식에 기반한 실천이 되어야 한다

사회에서 전문직에 관한 신뢰의 핵심은 전문가가 가장 최신의, 가장 적절한 지식을 가지고 변화를 추구하는 노력을 할 것이라는 기대이다. 사회복지실천 활동과 직접적인 관계가 있는 최근의 지식을 탐구하기 위한 노력을 기울여야 하며 필요한 지식을 활용하는 방법을 알아야 한다.

(5) 사회복지사는 윤리강령을 준수하고 그에 따른 실천을 해야 한다

사회문제를 해결함에 있어 개인의 가치가 반영되는 기관의 사회복지사는 자신의 가치와 신념에 민감해야 하며 클라이언트의 권익을 보호하기 위해 집단의 권익을 침해하는 것은 아닌지 또한 집단을 보호하기 위해 개인을 희생시키는 것은 아닌지 항상 주의 깊은 점검이 필요하다.

(6) 사회복지실천은 전체로서의 인간에 초점을 두는 독특한 전문실천이다

사회복지사는 인간을 생물학적, 심리적, 사회적 그리고 영적인 측면이 고려된 대상으로 바라보아야 하며, 현재와 미래와 당면한 문제나 제시한 문제 이외에 발생 가능한 다른 쟁점에도 주의를 기울여야 한다.

(7) 사회복지실천은 수용과 존중을 기반으로 클라이언트의 성장을 지원하는 것이다

클라이언트의 행동, 외모, 지위 혹은 상황에 관계없이 존중받을 만한 존엄성을 지닌 인간으로 대우하라는 의미이다.

(8) 사회복지실천은 클라이언트에게 미래에 대한 현실적 희망을 갖도록 원조하는 것이다

원조를 요청하는 클라이언트는 문제를 해결하기 위해 많이 지쳐 있고 좌절과 실망에 빠져 있는 경우가 많다. 이때 사회복지사는 새로운 아이디어, 새로운 관점, 보다 효과적인 변화전략을 도입하여 동기부여, 변화와 성장을 촉진하여야 한다.

(9) 강점에 기반한 사회복지실천이 이루어져야 한다

사회복지사는 클라이언트의 변화를 돕기 위해 가장 중요한 요소로 클라이언트의 잠재력을 생각해야 한다. 이를 통해 클라이언트는 무기력하고 희망이 없어 보이는 문제 상황을 해결 가능하고 미래의 희망을 실현하는 성장의 기회로 그 의미를 전환할 수 있다.

(10) 사회복지실천은 클라이언트를 개별화하고 클라이언트의 참여를 최대화해야 한다

클라이언트가 있는 그곳에서 시작해야 하며, 자기결정과 비밀보장이 원칙을 지켜야 한다. 자기결정에 대한 인식 및 권한 확대를 통해 적극적인 참여와 주체적 역할을 수행할 수 있도록 원조한다.

(11) 사회복지실천은 클라이언트 스스로 문제를 해결하도록 도와주는 것이다

클라이언트를 준비시키는 것은 그들이 인접환경에서 자원과 자연적인 원조자들을 확인하고 활용하는 방법을 가르쳐 주는 것이다.

(12) 사회복지실천 과정에 대해 지속적인 평가와 점검을 해야 한다

개입전략 과정을 서술하고 성취되어야 할 측정 가능한 목표를 설정하여 이를 클라이언트와 공유한 후 개입, 지속적인 점검 과정을 통해 수정 보완하여 클라이언트가 만족할 수 있는 전문적 개입이 이루어지도록 하는 것이 필요하다.

정리하기

1. 사회복지실천의 원리
   - 사회복지실천현장을 반영하는 사회복지정책
   - 사회복지정책과 사회복지실천을 아우르는 사회복지행정
   - 주민의 욕구와 지역사회의 현실에 중점을 둔 사회복지실천
2. 전문가로서의 사회복지실천원리
   자신의 인식과 성찰의 기반, 전문적 관계를 통한 클라이언트에 대한 이해와 수용, 지식에 기반한 실천, 윤리강령의 준수, 수용과 존중을 기반으로 클라이언트의 성장을 지원, 전체로서의 인간에 초점을 둔 독특한 실천, 미래에 대한 현실적인 희망, 강점에 기반, 클라이언트의 참여를 최대화하고 스스로 문제를 해결할 수 있도록 지원, 지속적인 평가와 점검 등

2. 사회복지실천 윤리

1) 사회복지실천에서의 가치와 윤리

힐리(Healy, 2007)는 ① 사회복지에서 윤리적 원칙을 보편적으로 적용할 수 있는가? ② 사회복지실천 윤리를 토대로 가치가 보편적인 것이라고 주장할 수 있는가?라

는 두 가지 질문을 제시하면서 가치와 윤리는 통일되기보다는 분리되어 있다고 주장하였다.

가치는 일종의 신념이며 선택이다. 이는 인간을 위해 좋은 것과 바람직한 것에 대한 가정이다(이경아 외, 2011). 따라서 바람직한 현실에 대한 개인의 주관적인 신념이며, 이를 구체적인 행동으로 구현하고 자신의 기준에 맞다고 생각하는 것에 가치를 두게 된다.

윤리는 실질적인 결정을 내릴 때 필수적인 것으로 이것은 가치에서 비롯되었으며, 옳고 그름을 판단할 수 있는 도덕적 지침이 되며(엄명용 외, 2001), 사회적 규범에 기준을 두고 있다. 개인은 자신의 주관적 신념을 사회적 행동으로 옮기기 위해서 무엇을 어떻게 적용할 것인가를 고민하게 된다.

따라서 가치와 윤리의 차이점은 가치는 추상적이며 무엇이 좋고 바람직한가와 관련 있고, 윤리는 무엇이 옳고 그른가에 관한 것이라 할 수 있다.

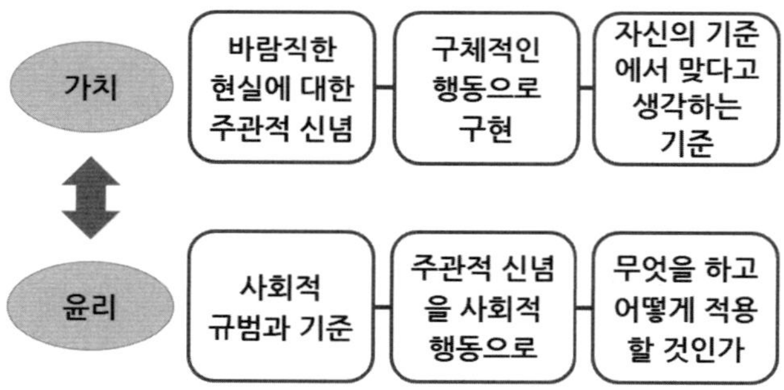

가치와 윤리의 차이점

2) 사회복지사 윤리강령

특정 직업을 전문직으로 발전시키기 위해서는 윤리강령이 필요하다. 또한 법, 의료, 심리, 정신의료, 기술, 언론 등 각종 전문직에 종사하고 있는 실천가들의 행동에 대한 책임 추궁이 빈번히 발생하면서 전문직 윤리에 대한 중요성이 강조되고 있다.

우리나라에서는 1973년 2월 사회복지사 윤리강령 초안 제정 결의 이후 1988년 3월 제정 공포되었으며, 1992년 10월, 2001년 12월 두 차례에 걸쳐 개정되었으며, 윤리기준을 다섯 가지 영역으로 분류하고 각 영역에서의 행동지침을 구체화시켰다.

사회복지사는 사회복지서비스 제공과 관리업무 수행에서 윤리강령을 준수하여 행동하여야 한다.

3) 사회복지사의 기본적 윤리기준

(1) 전문가로서의 자세

품위유지, 업무에 대한 책임감, 클라이언트에 대한 공평성, 업무의 공정성, 부당한 압력에 대한 비타협, 자신의 이익을 위해 전문직의 가치를 훼손해서는 안 된다.

(2) 전문성 개발을 위한 노력

서비스의 전문성을 위한 지식과 기술 개발 노력이 필요하다.

(3) 경제적 이득에 대한 태도

- 클라이언트의 지불능력에 상관없이 서비스를 제공해야 하며 이를 이유로 차별 대우를 해서는 안 된다.
- 업무와 관련하여 정당하지 않은 방법으로 경제적 이득을 취해서는 안 된다.

4) 사회복지사의 윤리기준

(1) 사회복지사의 클라이언트에 대한 윤리기준

- 클라이언트의 권리옹호를 최우선 가치로 삼아야 한다.
- 인간으로서의 존엄성을 존중하며 전문적 기술과 능력을 발휘하여야 한다.
- 자기결정권을 최대한 행사할 수 있도록 원조하며 이익을 대변하여야 한다.
- 직무수행 과정에서 얻은 정보는 철저하게 비밀을 유지하여야 한다.
- 클라이언트의 알 권리를 존중하여야 한다.
- 정보공개 시 클라이언트의 동의를 받아야 한다.
- 개인적 이익을 위해 전문적 관계를 이용해서는 안 된다.
- 클라이언트를 동반자로 인정하고 함께 일해야 한다.

(2) 동료와의 관계

- 존중과 신뢰로서 동료를 대하며 지위와 인격을 무시하는 언행은 삼가야 한다.
- 전문직의 이익과 권익을 증진시키기 위해 동료와 협력하여야 한다.

- 윤리적이고 전문적 행위를 촉진시켜야 하며 이에 반하는 경우 법률규정 혹은 윤리기준에 따라 대처하여야 한다.
- 미흡한 판단으로 문제가 발생했을 경우 즉각적인 조치를 취하여 클라이언트의 이익을 보호해야 한다.
- 전문직 내 다른 구성원이 행한 비윤리적인 행위에 대해, 제반 법률규정이나 윤리기준에 따라 조치를 취해야 한다.

(3) 동료의 클라이언트와의 관계

- 적법하고 적절한 논의 없이 동료 혹은 타 기관의 클라이언트와 전문적 관계를 맺어서는 안 된다.
- 긴급한 사정으로 인해 동료의 클라이언트를 맡게 될 경우 자신의 의뢰인처럼 관심을 갖고 서비스를 제공해야 한다.

(4) 사회와의 관계

- 인권존중과 인간평등을 위해 헌신해야 하며, 사회적 약자를 옹호하고 대변하는 일을 주도해야 한다.
- 필요한 사회서비스를 개발하기 위한 사회정책의 수립, 발전, 입법, 집행에 적극적으로 참여하고 지원해야 한다.
- 사회환경을 개선하고 사회정의를 증진시키기 위한 사회정책의 수립, 발전, 입법, 집행을 요구하고 옹호해야 한다.
- 자신이 일하는 지역사회의 문제를 이해하고, 그것을 해결하는 일에 적극적으로 참여해야 한다.

(5) 기관과의 관계

- 기관의 정책과 사업 목표의 달성, 서비스의 효율성과 효과성의 증진을 노력함으로써 클라이언트에게 이익이 되도록 해야 한다.
- 기관의 부당한 정책이나 요구에 대하여 전문직의 가치와 지식을 근거로 이에 대응하고 즉시 위원회에 보고해야 한다.
- 소속기관 활동에 적극적으로 참여함으로써 기관의 성장 발전을 위해 노력해야 한다.

정리하기

> 1. 사회복지실천에서의 가치와 윤리
>   - 가치 : 바람직한 현실에 대한 개인의 주관적 신념
>   - 윤리 : 사회적 규범과 도덕적 기준
> 2. 사회복지사 윤리강령
> 3. 사회복지실천 윤리
>   - 전문가로서의 자세, 전문성 개발을 위한 노력, 경제적 이득에 대한 태도
>   - 클라이언트와의 관계, 동료와의 관계, 동료의 클라이언트와의 관계, 사회와의 관계, 기관과의 관계에 있어서 기본적인 윤리기준을 준수

3. 사회복지실천 기록

1) 사회복지실천 기록의 목적

(1) 사회복지실천 활동의 문서화

- 사회복지사는 실천 초기단계부터 종결단계까지 클라이언트의 상황, 제공한 서비스의 내용과 과정, 목표달성 여부와 성과 등을 기록하여 문서화하여야 한다.
- 실천내용을 문서화하는 것은 기관의 책무성을 보장하고 사회복지사의 전문 활동을 입증할 수 있는 근거 자료가 된다.
- 법적인 증거나 재원확보의 근거 자료로 활용될 수 있다.

(2) 효과적인 서비스를 위한 모니터

- 사회복지사는 효과적인 서비스 제공을 위해 자신의 활동을 점검할 수 있다.
- 체계적인 기록을 통해 제공된 서비스와 운영방법, 전달체계 등을 검토, 평가하여 수정 보완 가능하도록 모니터링 하여야 한다.

(3) 전문가 간의 의사소통의 활성화

- 다양한 전문직과 함께 일할 경우에 기록이 중요하다.
- 각 전문직의 관점과 서비스 내용을 공유하여 팀 활동의 시너지 효과를 낼 수 있다.

(4) 슈퍼비전의 활성화

기록을 통해 자신의 활동에 대한 지도자의 피드백을 받게 되어 클라이언트에게 양질의 서비스를 제공할 수 있다.

(5) 사례의 지속성 유지

담당자의 교체에도 불구하고 서비스 기록을 통해 서비스의 지속성을 유지하는 것이 가능하다.

(6) 행정적 과업을 위한 자료 제공

기록은 기관 및 직원평가, 조직관리나 예산집행의 근거자료로 활용할 수 있다.

(7) 연구조사를 위한 자료를 제공

사회복지서비스에 대한 연구 시 기록은 매우 중요한 자료로 활용된다.

(8) 클라이언트와 정보공유

기록을 통해 클라이언트는 자신에게 제공된 서비스에 대한 이해를 높일 수 있으며 자기결정권을 적절하게 행사할 수 있다.

2) 사회복지실천 기록의 내용

(1) 기록에 포함되어야 할 내용

- 클라이언트의 욕구
- 서비스 제공 이유와 방법
- 클라이언트 상황에 대한 내용(과거, 현재) : 사회력
- 클라이언트체계와 환경의 특성
- 활용할 수 있는 자원과 제한 요인
- 수집된 정보에 대한 사정
- 서비스 제공에 영향을 미치는 요소
- 개입(서비스 제공)의 목적, 계획 및 전략
- 개입(서비스 제공)의 과정 및 내용, 평가
- 사례 종결 이유와 방법
- 사후계획

(2) 좋은 기록과 잘못된 기록의 특징

① 좋은 기록

좋은 기록은 간결, 구체적, 타당, 명확, 논리적, 시기적절, 의미 있고, 유용하며 사실에 근거, 전문가적 윤리를 바탕으로 하며, 수용된 이론에 기초한다. 무엇보다도 클라이언트의 관점을 존중한다.

- 서비스 결정과 행동에 초점을 둠
- 사정, 개입, 평가의 기초가 되는 클라이언트와 클라이언트 환경, 상황에 대한 정보가 들어가 있음
- 각 단계의 목적, 목표, 계획, 과정과 진행을 포함한 서비스 전달에 대한 정보가 들어가 있음
- 상황묘사와 사회복지사의 견해가 명확하게 분리되어 있어 읽는 사람들이 사회복지사의 관찰사항과 해석을 이해할 수 있음
- 구조화되어 있어 정보를 효과적으로 문서화할 수 있고, 쉽게 색출해 낼 수 있음

② 잘못된 기록

잘못된 기록은 초점이 없고, 모호, 편견, 추리에 의존, 정확하지 않고, 정보의 양이 너무 많거나 너무 적고, 조직화되어 있지 못하고, 부정확한 사정, 잘못된 판단, 부적절한 개입, 내담자에 대한 무례한 표현 등을 담고 있다.

- 맞춤법이 틀리고 잘 끊어지지 않은 문장
- 반복되고 장황한 문장
- 행위자가 식별되지 않는 문장
- 의미 없고 과장되고 비판적 표현을 사용한 문장
- 근거 없이 내린 결론
- 상황에 대해 실습생의 독단적인 견해를 표현하고 클라이언트를 무조건 비난하거나 부정적으로 표현

정리하기

1. 사회복지실천 기록의 목적
사회복지실천 활동의 문서화, 효과적인 서비스를 위한 모니터, 전문가 간의 의사소통의 활성화, 슈퍼비전의 활성화, 사례의 지속성 유지, 행정적 과업을 위한 자료 제공, 연구조사를 위한 자료 제공, 클라이언트와 정보공유

2. 사회복지실천 기록의 내용
- 기록에 포함되어야 할 내용 : 클라이언트의 욕구반영, 서비스제공의 목적, 계획 및 전략, 과정 및 내용, 평가 등
- 좋은 기록 : 간결, 구체적, 타당, 명확, 논리적, 시기적절, 의미 있고 유용하며 사실에 근거, 전문가적 윤리를 바탕으로 하고, 수용된 이론에 기초하며, 무엇보다도 클라이언트의 관점을 존중해야 함
- 잘못된 기록 : 초점이 없고, 모호, 편견, 추리에 의존, 정확하지 않고, 정보의 양이 너무 많거나 너무 적고, 조직화되어 있지 못하고, 부정확한 사정, 잘못된 판단, 부적절한 개입, 내담자에 대한 무례한 표현 등을 담고 있음

4. 사회복지실천 과정과 기술

1) 사회복지실천 과정

(1) 접수 및 관계형성

접수단계에서는 클라이언트의 문제가 무엇인지 파악하고 기관에서 클라이언트에게 서비스를 제공할지 여부를 결정한다. 기관의 서비스내용이 클라이언트에게 적절하지 않은 경우 더 전문적인 서비스를 제공할 수 있는 기관으로 의뢰한다. 초기면담에서 보이는 불안과 저항을 다룰 수 있어야 한다.

(2) 자료수집

클라이언트의 문제해결 및 욕구충족을 위해 '환경 내 개인'의 관점에서 사정과 진단에 필요한 기본 자료를 수집하는 과정이다.

(3) 사정

사회복지사가 클라이언트의 문제를 이해하기 위해 수집한 자료를 사회복지이론

을 적용하여 분석하는 사고과정으로 그 결과를 바탕으로 문제해결을 위한 계획을 수립한다.

(4) 계획과 계약

① 계획의 수립

개입의 목적과 목표에 합의하고 이를 달성하기 위한 계획을 수립한다. 개입의 목표는 구체적이고 측정 가능한 것이어야 한다.

② 계약의 설정

사회복지사와 클라이언트의 역할과 책임을 분명히 하고 오해를 예방하는 것이 목적이다.

(5) 개입

정해진 목표와 계획에 따라 실천과정을 진행하는 것이다. 합의된 역할과 과업을 수행하고 필요한 자원을 개발 활용하고, 실천과정을 점검한다. 긍정적인 성장과 변화를 유지하도록 도와야 한다.

(6) 평가와 종결

목표달성에 대한 평가와 더불어 사회복지사의 개입과정 및 방법 그리고 사회복지사와 클라이언트의 역할수행 전반에 대해 점검한다.

2) 사회복지실천 과정에서 요구되는 기술

사회복지실천은 준거 틀이나 적용이론 등에 따라 다양할 수 있지만, 사회복지실천 과정에서 요구되는 기술들은 다음과 같다(이경아 외, 2011).

(1) 접수 및 관계성립

- 사회복지사와 클라이언트 간의 관계를 성립한다.
- 사회복지사는 클라이언트에게 기관의 서비스에 대해 소개한다.
- 클라이언트의 욕구를 파악한다.
- 클라이언트 욕구와 기관의 서비스가 맞지 않을 경우 다른 기관에 의뢰한다.

(2) 자료수집 및 사정

- 클라이언트의 욕구와 관련된 정확한 정보를 수집한다.
- 클라이언트의 상황과 관련된 심리·사회적 요인을 수집한다.
- 관련된 사회체계에 대해 정확하게 관찰하고 이해한다.
- 클라이언트의 심리·내적, 대인관계적, 환경적 요소와 상호작용을 이해한다.
- 클라이언트의 지각적·인지적·감정적 요인에 대해 평가한다.

(3) 목표설정 및 계약수립

- 클라이언트의 욕구와 사정에 기초하여 달성 가능한 목표를 설정한다.
- 목표달성을 위해 클라이언트의 능력과 동기에 기초하여 개입전략을 수립한다.
- 개입전략에 대해 클라이언트의 합의하여 수정·보완한 뒤 계약을 수립한다.

(4) 개입수행

- 클라이언트와 함께 설정한 개입목표를 달성하도록 사회복지사의 전문적인 활동을 수행한다.
- 클라이언트가 자신의 문제를 해결하거나 자신이 수립할 목표를 달성할 수 있는 능력이 있음을 믿고 클라이언트를 격려한다.
- 모든 변화의 주된 책임은 클라이언트에게 있음을 명심한다.
- 설정한 목표나 개입방법 등은 개입수행기간 동안 보완될 수 있다.

(5) 종결 및 평가

- 종결 시 평가되어야 내용
  - 사회복지사와 클라이언트가 설정한 목표가 달성되었는가?
  - 사회복지사의 개입 태도 및 방법은 적절하였는가?
  - 클라이언트의 변화를 위한 태도와 노력은 적절하였는가?

정리하기

1. 사회복지실천 과정

   접수 및 관계형성, 자료수집, 사정, 계획과 계약, 개입, 평가와 종결

2. 사회복지실천 과정에서 요구되는 기술
- 접수 및 관계성립 : 클라이언트의 욕구파악
- 자료수집 및 사정 : 클라이언트의 욕구와 관련된 정확한 정보 수집
- 목표설정 및 계약수립 : 달성 가능한 목표 설정
- 개입수행 : 클라이언트와 함께 목표 달성을 위한 전문적 활동 수행
- 종결 및 평가 : 목표와 방법, 노력은 적절하였는가?

5. 지역사회 욕구조사

1) 지역사회 문제

모든 지역사회는 각종 지역사회 문제를 가지고 있으며, "지역에 있는 많은 사람들에게 심각한 위협을 제공하여 지역주민들로부터 대응을 불러일으키는 조건이나 상황"으로 정의할 수 있다(지은구 · 조성숙, 2010). 지역사회 문제를 이해하고 연구하는 것은 지역사회의 문제를 보다 깊고 넓게 이해하고 대처할 수 있게 해준다. 또한 지역사회문제에 대한 지식은 지역사회의 사회, 정치, 경제적 환경이 어떻게 주민들의 일상생활에 영향을 주는지에 대한 이해를 높여준다. 그리고 지역사회 문제의 원인을 개인적 요인으로부터 사회구조적 요인으로 확대시켜 이해할 수 있는 근거를 제공해 준다(조성숙 · 이신영, 2013).

지역사회마다 유사한 문제를 가지고 있다고 하더라도 그 지역사회 문제를 심층적으로 분석해 보면 매우 다른 배경, 다른 양상으로 나타난다. 지역사회 문제에 대한 적절한 개입을 위해서는 그 문제에 대한 정확한 이해와 분석이 우선되어야 하며, 문제를 명확히 정의할 필요가 있다. 지역사회 문제에 대한 정확한 이해를 위해서 사회복지사들은 세 가지 요소, 즉 지역사회 문제의 본질, 그 문제로부터 영향을 받는 인구집단, 문제가 발생하는 영역을 파악할 필요가 있다(지은구 · 조성숙, 2010).

(1) 지역사회 문제에 대한 이해

- 문제의 정의 및 개념화
- 문제의 원인-결과 간 관계를 이해할 수 있는 관련 이론 파악

- 지역사회 문제에 영향을 받는 사람들에 대한 다양한 양적·질적 자료 수집
- 역사적 배경에 대한 이해
- 사회문제해결을 위한 주요 참여자와 체계에 대한 확인

(2) 인구집단에 대한 이해

- 인구집단의 인종적, 문화적 특성 이해
- 인구집단의 젠더 이슈에 대한 이해
- 문제에 대한 개인들의 생각 확인
- 문제와 문제 해결 시도들과 관련된 개인적 경험에 대한 이해
- 지역사회의 다양한 집단들이 문제를 어떻게 인지하고 있는지에 대한 이해

(3) 영역에 대한 이해

- 문제에 영향을 받은 지역이나 조직에 대한 인구·통계적 자료수집
- 지역지도 그리기
- 지역이나 조직에서 문제가 어떻게 발생했는지에 대한 자료수집
- 지역이나 조직의 과거경험 확인
- 문제해결을 위한 경계 설정
- 중요 정책결정자와 기금출처 확인
- 문제 원인에 대한 다양한 관점 이해

2) 지역사회 욕구조사

(1) 욕구조사의 필요성

욕구(need)란 '무엇을 필요로 하는가'에 관한 것이다. 사회복지관점에서 보면, '필요하지만 충족되지 못하고 있는 어떤 것'이 욕구가 될 수 있다. 욕구(need)와 요구(want)는 서로 다른 의미를 지니고 있다(박태영 외, 2019). 욕구는 어떤 사람이 필요로 하는 것에 대해 타인의 판단과정을 거쳐 확인된 것이라면, 요구는 필요한 것을 가지지 못할 때 생기는 개인의 인지 또는 정서 상태를 말한다.

욕구를 확인하는 과정은 단순히 대상자에게 질문하는 것으로만 얻어지는 것이 아니다. 즉, 누군가에게 어떤 도움이 필요한지를 결정하는 과정으로 사회적·다면적

과정을 포함하고 있다. 따라서 욕구조사는 조사대상자가 가지고 있는 정보를 파악하는 것을 목적으로 하는 일반적인 조사와는 달리 사회복지 프로그램에 대한 의사결정을 하는 데 필요한 정보를 얻는 데 목적이 있다(원석조, 2012).

욕구조사는 지역사회 주민이나 사회복지 대상자가 가지고 있는 욕구를 파악하여 거기에 적합한 프로그램을 개발하거나 기존 프로그램을 개선하고자 할 때 실시하며, 욕구조사의 결과는 복지 프로그램의 신설이나 개선의 필요성을 정당화시켜 주는 실증적인 근거가 된다.

(2) 욕구조사 방법

욕구조사를 위한 자료수집 방법으로는 지역사회 주민에게 직접 자료를 수집하는 방법, 기존 자료를 활용하는 방법, 전문가를 대상으로 하는 방법 등 여러 가지 방법이 있다(강영걸, 2008).

① 지역주민에게 직접 자료를 수집하는 방법

지역사회 주민에게 직접 자료를 수집하는 방법으로는 설문조사와 지역사회 포럼(공개토론회) 등이 있다.

- 설문조사(survey)

  지역 내 일반주민집단 또는 표적집단을 대상으로 욕구조사를 직접 실시하는 방법

장점	짧은 기간에 다양한 사람의 의견을 한꺼번에 받을 수 있음
단점	표본의 대표성이 문제가 될 경우, 조사결과를 신뢰할 수 없는 문제 발생

- 공개토론회(forum)

  지역에서 거주하거나 활동하는 사람들이 자신이 원하는 것이 무엇이며, 무엇이 문제인지를 잘 알고 있다는 전제하에 지역주민들의 의견을 공개적인 자리에서 듣는 방법

장점	짧은 시간 여러 집단의 다양한 의견을 들을 수 있음
단점	지역주민 중 의견을 표명하는 집단의 입장만 대변될 수 있는 한계

② 기존 자료를 활용하는 방법

사회지표조사나 기존에 수행된 연구결과는 욕구를 추정하는 간접적 자료로 활용할 수 있다. 기존 자료는 조사비용 부담이 적으며, 신속하게 기존 자료를 토대로 욕구를 파악할 수 있다는 장점이 있지만, 특정한 욕구에 대해 구체적으로 자료를 얻지 못하게 되는 한계도 있다.

- 사회지표조사(social indicator analysis)
  지역사회 특징을 나타내는 사회조사 자료를 활용하는 방법
- 이차자료조사(secondary data analysis)
  지역사회 내 연구기관, 복지관 등에서 조사한 자료를 활용하는 방법

③ 전문가를 대상으로 하는 방법

서비스 운영자나 제공자를 활용하여 지역사회 주민이나 대상 집단의 욕구를 파악할 수 있다. 즉, 알고자 하는 욕구와 문제에 대해 잘 알고 있는 전문가에게 의견을 청취함으로써 더 구체적이고 생생한 자료를 얻을 수 있다. 특히 학대아동, 미혼모 등과 같이 사회적으로 드러내기 어려운 대상자들의 욕구와 문제에 관해 파악할 수 있는 장점이 있다. 그러나 조사대상자 선정과정에서 주관적이고 편향된 표본이 될 수 있어 조사대상자가 관심을 가지고 있는 문제에 대해서만 욕구가 나타나게 될 수 있는 단점이 있다.

- 델파이기법(delphi technique)
  전문가를 패널로 구성하여 이들에게 지역사회 문제에 대한 설문지를 배부하여 전문적 의견을 취하되 익명인 상태에서 반복적으로 의견을 제한하고 취합하는 방법
- 포커스 그룹 인터뷰(focus group interview)
  6~10명 정도의 사람들이 한 자리에 모여 리더가 질문하는 내용에 대해 토론하며 심층적인 정보를 얻는 방법

정리하기

1. 지역사회 문제 확인
   - 지역에 있는 많은 사람들에게 심각한 위협을 제공하여 지역주민들로부터 대응을 불러일으키는 조건이나 상황
   - 지역사회 문제에 대한 이해/ 인구집단에 대한 이해/ 영역에 대한 이해
2. 지역사회 욕구조사
   - 욕구조사는 조사대상자가 가지고 있는 정보를 파악하는 것을 목적으로 하는 일반적인 조사와는 달리 사회복지 프로그램에 대한 의사결정을 하는 데 필요한 정보를 얻는 것이 목적
   - 지역주민에게 직접 자료를 수집하는 방법 : 설문조사, 공개토론회
   - 기존 자료를 활용하는 방법 : 사회지표조사, 이차자료조사
   - 전문가를 대상으로 하는 방법 : 델파이기법, 포커스 그룹 인터뷰

6. 자원개발

1) 자원개발의 필요성

사회복지 관련 기관들은 부족한 자원을 마련하기 위해 여러 가지 방법을 동원한다. 우리나라와 같이 사회복지기관에 대한 정부의 재정지원이 부족할 경우에는 자원의 부족 현상은 더욱 두드러진다. 사회복지기관의 자원개발 필요성은 한정된 자원에 대한 수요는 언제나 공급을 초과하므로 자원은 항상 부족한 상태에 놓여 있게 됨으로써 발생한다. 사회복지기관들은 부족한 자원을 확보하기 위해 기업, 재단, 모금, 수익사업 등 다양한 외부의 자원을 개발하고 있다.

2) 자원의 종류

자원의 사전적 의미는 '인간의 생존을 위한 의식주를 비롯하여 경제적 생산을 위한 원료와 에너지 등 자연에 의해 주어져 인간을 활동하게 하는 요소'를 의미한다. 사회복지에서는 자원을 '대상자의 사회적 욕구를 충족하고 인간에게 발생한 사회적 문제를 해결하기 위해 필요한 현금, 현물 등 물질, 노동력이나 기술(서비스)로 구성되며 각종 제도, 시설, 기관, 단체, 프로그램 및 지식, 기술 정보 등을 포함한 인적,

물적, 정보 등의 제 요소'로 정의해 볼 수 있다(엄미선 외, 2009).

자원의 분류체계 중 가장 일반적인 것이 내용에 대한 분류인데, 이것은 인적·물적·제도적·정보적 자원 등으로 유형화할 수 있다.

인적, 물적, 제도적, 정보적 자원의 관계

출처 : 엄미선 외(2009) 일부 수정.

(1) 인적자원

다른 물자와 마찬가지로 사람의 노동력을 생산자원 중 하나로 보는 관점이며, 협의의 개념으로는 사회복지실천활동을 수행하는 인력으로 보는 것이다. 광의의 개념으로는 지역사회 내 존재하는 다양하고 많은 사람들의 구성이고 사람들의 집합체라 할 수 있다. 결국 사회복지시설의 인적자원은 사회복지서비스를 제공하는 시설종사자와 함께 사회복지 프로그램 수행에 있어 중요한 협조자인 자원봉사자, 후원자 등을 의미한다.

(2) 물적자원

그 존재형태가 물질적, 즉 가시적 자원으로서 사회복지 대상자에게 도움이 되는 현금이나 현물을 의미한다. 물적자원으로 현금은 정부보조금, 기업협찬금, 시민기부금(현금, 부동산, 증권, 물품 등), 서비스 이용료(의료, 상담, 교육 등) 등을, 현물은 후원자들이 사회복지시설에 제공하는 다양한 물품이다.

(3) 제도적 자원

사회복지와 직·간접적으로 관련된 제도를 말한다. 즉, 사회적으로 바람직할 것으로 판단되는 가치·관습 등이 제도화되어 사회성을 가짐으로써 법률·제도 등으로 규정되는 자원을 의미한다(엄미선 외, 2009).

(4) 정보적 자원

사회복지서비스 공급자와 사회복지 대상자 모두에게 복지활동 과정에서 의사결정이나 행동에 유의미한 영향을 줄 수 있는 사회복지와 관련한 제반 지식과 욕구 및 서비스 등과 관련된 내용의 총체라 할 수 있다(이남희, 2000).

3) 지역사회 자원개발

지역사회 자원은 지역사회라는 지리적·공간적 범주에 속하는 자원으로 지역성을 바탕으로 한다. 따라서 사회복지기관이 위치한 경우 정부, 기업, 재단 등 지역성과 상관없는 자원의 개발도 중요하지만 가장 중요한 자원 중의 하나는 지역사회의 자원 활용이다.

지역사회 자원개발을 위해서는 다음과 같은 몇 가지 점에 초점을 두어야 한다.

첫째, 지역사회 자원의 개발을 위해서는 지역사회 자원의 조사가 이루어져야 한다. 지역에는 다양한 인적·물적 자원이 있다. 사회복지기관에서 지역자원에 대한 사전 조사 없이 사업을 전개할 시에는 자원이 요구될 때마다 자원을 구하는 경우 필요한 자원을 주어진 시간 내에 구하기 어렵다.

둘째, 지역의 기존 네트워크와 자원을 활용하도록 한다. 지역사회에는 이미 확보된 자원과 자원활용을 위한 네트워크가 형성되어 있는 경우가 있다. 지역자원을 개발할 때 이들 기존 자원과 네트워크를 활용하면 쉽게 자원을 개발할 수 있다.

셋째, 자원을 내용과 분야에 따라 분류하도록 한다. 자원은 크게 인적·물적 자원으로 구분된다. 인적자원은 의료, 교육, 법률 등 전문 분야와 일반자원봉사로 구분될 수 있으며, 물적자원은 업체와 물품 종류, 금액, 유효기간, 보관방법 등 물품의 성격에 따라 분류되어야 한다.

넷째, 지역 욕구에 기반한 자원을 개발하도록 한다. 지역사회의 자원은 지역이 필요로 하는 욕구와 연결될 때 개발이 용이하다. 지역의 문제와 환경개선을 위한 욕구가 있을 때 지역사회 자원개발을 위한 마케팅 전략이 적합하게 이루어질 수 있다.

다섯째, 자원의 관리가 체계적으로 이루어져야 한다. 자원의 종류, 양, 자원의 필요시기, 자원의 보관, 기부자 서비스 등이 체계적으로 이루어져야 한다.

4) 자원개발 방법

지역의 개인기부자를 대상으로 한 자원개발 방법은 다음과 같다.

(1) 직접대면(face-to-face) 요청

직접대면 요청은 잠재적 기부자를 직접 대면하여 기부나 후원을 요청하는 방법으로 개인을 대상으로 자원을 개발하는 가장 효과적인 방법 중의 하나이다. 그러나 기부자를 직접 만나야 하기 때문에 시간과 비용이 많이 소요되는 단점이 있다.

(2) 우편(DM) 요청

우편(Direct Mail) 요청은 가장 전통적인 자원개발 방법 중의 하나로 잠재적 기부자들에게 기부를 요청하는 우편을 발송하여 기부를 이끌어 내는 방법이다. 기관에 대한 소개, 기관이 필요로 하는 것 등을 설명하는 내용을 편지를 발송하는 것으로 비교적 비용이 저렴하고 홍보 효과를 기대할 수 있다. 그러나 실제적인 기부로 이어가는 데 한계가 있다.

(3) 전화(TM) 요청

전화(Telemarketing) 요청은 잠재기부자에게 직접 전화하여 사회복지기관이나 사업에 후원해 줄 것을 요청하는 방법으로 우편 요청보다 훨씬 응답률이 높다. 이 방법은 잠재기부자와 직접 이야기를 나누고 설득할 수 있다는 장점이 있는 반면, 조직에 대한 부정적인 감정을 가지게 할 가능성이 있다. 우편으로 기부를 요청한 후에 전화요청을 통해 편지의 효과를 높이는 방법을 사용하는 것이 좋다.

(4) 회비

회원들에게 회비를 요청하는 것은 사회복지기관의 자원 확충에 도움이 되지만, 회비를 통한 모금액은 매우 적어 효과적인 자원개발 방법은 아니다. 그러나 회원들의 충성심과 책임감을 높이는 데 매우 효과적인 방법이다.

(5) 거리모금(가두캠페인)

거리에서 매일 수많은 불특정 다수와 대면접촉을 통해 새로운 기부자들을 개발하고 기관과 기관의 사업에 대하여 홍보할 수 있는 장점이 있다. 거리홍보를 위한 전담직원이 필요하다.

(6) 특별행사

지역주민들에게 기관의 이름과 활동에 대하여 홍보할 수 있고, 사람들이 즐겁고, 흥미롭고, 감동적인 시간을 가질 수 있도록 하는 자원개발 방법이다. 바자회, 운동회, 경로잔치, 음악회, 걷기대회 등 다양한 이벤트를 통해 지역사회의 주민들에게 기관을 홍보하고 후원을 요청하거나 잠재기부자와의 접촉점을 마련하는 데 의미가 있다.

(7) 소셜 미디어(SNS) 모금

IT기술의 발달, 인터넷과 스마트폰 사용의 보편화, 소셜 네트워크 서비스(SNS)의 확대로 이를 통한 모금방법들이 빠르게 확장되고 있다. 네이버 '해피빈', 다음카카오의 '같이가치' 등 포털사이트에서 누구나 쉽게 자신이 기부하고자 하는 곳에 기부할 수 있다.

(8) 크라우드펀딩(Crowd Funding)

투자, 대출, 후원, 기부 등의 목적으로 웹이나 모바일 네트워크 등을 통해 다수의 개인으로부터 자금을 모으는 크라우드펀딩 방식이 새로운 자원개발 방법으로 떠오르고 있다. 후원과 기부는 금전적 보상을 기대하지 않는 펀딩방식으로 다양한 사회공익 프로그램이나 순수한 목적의 기부를 받을 수 있다.

(9) 조직(단체) 요청

자원개발을 위해 개인이 아닌 조직이나 단체에 기부를 요청할 수 있다. 조직이나 단체는 어떤 상황에 대하여 공유된 집단적 관점을 가질 수 있고, 구성원들이 함께 기부하도록 압력을 행사할 수 있어 효율적으로 자원개발을 할 수 있다. 로타리클럽, 청년회의소 등 지역사회의 발전과 복지를 위해 활동하는 조직이나 단체들이 의외로 많이 있다.

(10) 기업재단

기업에서는 사회공헌을 목적으로 다양한 사회복지사업이나 후원을 위한 자금을 예산에 배정해 두고 있다. 이를 위해서 기업의 홍보와 이미지 제고를 위한 사회복지 프로그램을 제안하여 자원을 개발할 수 있다. 특히 기업들은 공익과 연계한 마케팅 효과를 통해 기업의 이미지와 매출을 동시에 높이는 데 관심이 있다.

(11) 민간기관

사회복지공동모금회 등 민간의 자금제공기관에서 실시하는 공모사업에 지원하여 보조금을 지원받는 방법이 있다. 공모사업에 프로포절을 작성하여 다른 사회복지기관들과 경쟁하기 때문에 사회복지사로서의 전문성을 높일 수 있는 기회가 되고, 선정될 경우 우수 프로그램으로 인정받을 수 있다.

정리하기

1. 자원개발의 필요성

   정부의 부족한 재정지원, 한정된 자원, 공급을 초과하는 수요

2. 자원의 종류

   인적자원, 물적자원, 제도적 자원, 정보적 자원

3. 지역사회 자원개발

   • 지역사회 자원의 조사
   • 지역의 기존 네트워크와 자원을 활용
   • 자원을 내용과 분야에 따라 분류
   • 지역욕구에 기반한 자원개발
   • 자원의 체계적 관리

4. 자원개발 방법

   직접대면(face-to-face) 요청, 우편(DM) 요청, 전화(TM) 요청, 회비, 거리모금(가두캠페인), 특별행사, 소셜 미디어(SNS) 모금, 크라우드펀딩(Crowd Funding), 조직(단체) 요청, 기업재단, 민간기관

7. 프로그램 개발

1) 프로그램 개발과정

사회복지현장에서 특정 목적을 달성하기 위해 사회복지사가 체계적으로 계획된 일련의 과정에 따라 실천하는 것을 프로그램이라고 한다. 즉, 조직의 목적을 달성하거나 클라이언트의 문제해결이나 욕구충족 등을 위해 사회복지사가 수행하는 활동들의 매개가 바로 프로그램이라고 할 수 있다(이경아 외, 2011). 이런 프로그램은 변화하는 사회와 클라이언트의 욕구에 부응하여 새로운 서비스 방법을 모색하거나 기존 프로그램을 발전시킬 때 이루어진다.

프로그램 개발과정은 일반적으로 준비(계획)단계, 실행단계, 평가단계를 거친다. 준비(계획)단계에서는 클라이언트가 가진 문제와 욕구를 파악하고, 이를 해결하기 위한 목표를 설정하여 설정한 목표를 달성할 수 있는 세부 프로그램을 설계하고, 자원동원 및 관리방법, 그리고 평가방법까지도 준비단계에서 이루어져야 한다. 실행단계에서는 설계한 계획에 따라 프로그램을 실행하고 진행과정을 점검한다. 평가단계에서는 프로그램 진행과정에서 문제는 없었는지에 대한 형성평가와 설정한 목표의 달성 여부를 평가하는 총괄평가 등의 일련의 과정을 거치게 된다.

준비/ 계획단계	실행단계	평가단계
예비 조사 문제 확인/ 욕구 파악 목표 설정 프로그램 설계(개입 전략) 자원동원(예산, 인적·물적 자원 등) 관리정보시스템 평가기획	프로그램 실행 진행과정 점검	과정/ 형성평가 결과/ 총괄평가 - 효과성 - 효율성 - 서비스 질 - 이용자 만족도

2) 사회복지공동모금회의 사업계획서 구성

사회복지현장에서 가장 많이 사용되는 프로포절 양식은 사회복지공동모금회의 표준양식이며, 대부분의 배분기관이나 재단에서는 이를 준용하여 기관의 성격에 맞게 변형하여 사용하고 있다. 이 장에서는 사회복지공동모금회의 사업계획서를 중심으로 작성방법에 대해 살펴보고자 한다.

(1) 프로그램 개발 대상

사회복지 분야에서 프로그램을 개발하는 데 중요한 부분이 대상이다. 사회복지공동모금회는 사회복지 프로그램에 참여하는 대상을 ① 아동/ 청소년, ② 노인, ③ 장애인, ④ 여성/ 다문화, ⑤ 위기가정, ⑥ 지역사회, ⑦ 북한/ 해외/ 기타의 7개 영역으로 구분하며, 기준은 다음과 같다.

대 상	내 용
아동/ 청소년	• 19세 미만의 자
노인	• 65세 이상의 자
장애인	• 장애인복지법에 의해 장애 등록이 된 자
여성/ 다문화	• 중장년 여성(19세 이상~64세 이하) • 재한외국인, 결혼이민자(자녀 포함)
위기가정	• 가족단위 대상, 청장년 남성(19세 이상~64세 이하)
지역사회	• 지역주민이나 지역공동이익에 초점을 맞춘 사업(지역사회 네트워크 및 마을공동체와 관련된 사업) • 지역주민 및 사회복지 관련 종사자를 대상으로 하는 사업
북한/ 해외/ 기타	• 북한지원사업 • 해외지원사업 • 기타사업

출처 : 사회복지공동모금회(2019). 2020배분사업 안내.

(2) 프로그램 개발 주요 내용

사회복지공동모금회는 프로그램 내용을 ① 기초생계 지원, ② 교육/ 자립 지원, ③ 주거/ 환경 개선, ④ 보건/ 의료 지원, ⑤ 심리/ 정서 지원, ⑥ 사회적 돌봄 강화, ⑦ 소통과 참여 확대, ⑧ 문화 격차 해소의 8개 분야 및 해당 분야별 모금회 지속가능 발전 목표(C-SDGs)로 구분하며, 항목별 내용은 다음과 같다.

사업구분	모금회 지속가능 발전 목표(C-SDGs)
기초생계 지원	• 경제적 빈곤 퇴치 • 영양 및 급식지원/ 기아종식
교육/ 자립 지원	• 교육 및 자립역량 강화 • 양질의 일자리 만들기 • 적정기술과 정보기술격차 해소 지원
주거/ 환경 개선	• 모두를 위한 깨끗한 에너지 • 지속가능한 지역사회 인프라 구축 • 지속가능한 생산과 소비 • 기후변화와 대응 • 해양생태계 보존 • 육상생태계 보호
보건/ 의료 지원	• 신체·정서적 건강과 회복 • 깨끗한 물과 위생
심리/ 정서 지원	• 신체·정서적 건강과 회복
사회적 돌봄 강화	• 사회적 배제 감소와 불평등 완화
소통과 참여 확대	• 성평등 • 지속가능한 지역사회 인프라 구축 • 사회적 약자의 권리증진
문화 격차 해소	• 사회적 배제 감소와 불평등 완화

출처 : 사회복지공동모금회(2019). 2020배분사업 안내 수정.

(3) 프로그램 개발 유형

프로그램 개발 유형은 크게 프로그램과 기능보강으로 구분되며, 프로그램에서는 성과중심형, 성과확산형, 산출중심형으로 세분화하고 있다. 이는 사회복지현장의 사회복지사들이 단일 양식으로 프로그램을 기획할 때, 단순한 프로그램도 어려운 프로포절 양식에 맞추어 작성을 하다 보니, 시간과 노력이 많이 들어 이를 사업의 성격과 내용에 맞게 유형을 나눈 것이다.

유 형		내 용
프로그램	성과중심형	• 성과목표 달성을 통해 사업 참여자의 의미 있는 변화를 꾀하고, 지역사회 변화의 기초를 다지는 사업 → 신청사업(프로그램), 복권기금사업(야간보호) 등
	성과확산형	• 사업 참여자의 의미 있는 변화뿐만 아니라 지역사회에 파급력(impact)을 미치고자 2년 이상의 계획을 하는 다년도 사업 → 중앙회 neet사업, 지역단위복지과제사업 등
	산출중심형	• 현재 당면한 지역사회 또는 개인의 문제 해결을 위한 사업으로 산출목표 달성에 중점을 두는 사업 → 단순 지정기탁사업
기능보강		• 기능보강을 통해 현재의 문제를 해소하거나 보다 의미 있는 사업을 향후 수행하고자 하는 사업 → 신청사업(기능보강), 소규모사업, 차량지원사업 등

3) 프로그램 개발의 실제

사회복지공동모금회의 표준양식 중 성과중심형이 가장 일반적으로 사용되고 있어, 이 장에서는 성과중심형 사업계획서를 중심으로 작성방법을 살펴보고자 한다. 사업계획서의 구성을 살펴보면, ① 사업명, ② 사업 내용 및 추진 전략, ③ 예산편성, ④ 문제의식, ⑤ 목표 및 평가, ⑥ 사업 종료 후 지향점으로 구성되어 있다.

성과중심형 사업계획서의 구성

사업계획서

1. 사업명 : 대상_______ 목적_______ 방법_______

• 대상, 목적, 방법과 관련된 정보를 담은 사업명을 적어주십시오. [슬로건은 부제(副題)로 병기해 주세요]

2. 사업 내용 및 추진 전략

1) 사업 참여자 모집 전략

(1) 참여 대상 및 인원

핵심 참여자	
주변 참여자	

• 누가 이 사업에 참여합니까?
- **(핵심 참여자)** 성과를 측정하게 되는 대상은 누구이며, 인원은 몇 명입니까? (이 사업에 참여하게 함으로써 누구의 변화를 이끌어 내려고 하는 것입니까?)
- **(주변 참여자)** 성과측정 대상은 아니지만 핵심 참여자의 변화를 이끌어 내는 데 중요한 역할을 하는 사람은 누구이며, 인원은 몇 명입니까?

(2) 참여자 선정 기준

• 어떤 기준을 세워서 참여자를 모집하게 됩니까?

(3) 참여자 모집 방안

• 기준에 적합한 참여자를 어떻게 모집할 예정입니까?

2) 사업 내용 및 사업 집행 전략

• 아래 내용을 모두 포괄하되, 자유롭게 (질문순서에 상관없이) 표현해 주시기 바랍니다.
- 전체 사업을 몇 개의 세부 사업으로 분류한다면 어떻게 구성될 수 있습니까?
- 사업을 어떻게 추진할 것인지에 대하여 세부 사업별 시행방법, 시행 시기 및 횟수, 사업 진행 일정 등 구체적인 정보를 담아서 기술해 주시기 바랍니다.

3) 기관 연계협력 전략

- 위의 사업 집행 전략과 관련하여, 지역사회 내(또는 그 범위를 넘어서) 어떤 기관들과 유기적인 협조관계를 가질 것인지에 대하여 아래 내용을 포함하여 기술해 주시기 바랍니다.
  - 협력 기관이 세부 사업에서 어떤 역할을 담당하게 되는지, 그때 신청기관의 역할은 무엇인지, 이러한 협력체계는 어떤 절차를 통해 진행되는지 등

3. 예산편성

(단위 : 원)

목	세목	세세목	계	산출근거	예산조달 계획				
					신청금액	비율(%)	자부담	비율(%)	자부담 재원
총 계									
인건비									
	소 계								
사업비									
	소 계								
관리운영비									
	소 계								

- 사업에 직접 투입되는 비용을 인건비, 사업비, 관리운영비로 구분하여 작성해 주시기 바랍니다.
  - **(인건비)** 해당사업을 직접적으로 수행하는 인력에게 투입되는 비용
  - **(사업비)** 프로그램 수행에 필요한 직접비용
  - **(관리운영비)** 프로그램의 수행에 필요한 간접비용(사업관리에 필요한 비용)
  - 예산 수립 시 예산편성기준표를 참고하여 주시기 바랍니다.
- 세목은 세부 사업별로 구분하고 단위가 큰 경우 세세목으로 구분하여 작성하시기 바랍니다.
- 산출근거는 실제 단가, 수량, 인원수, 건수, 횟수 등을 구체적으로 기록해 주시기 바랍니다.

4. 문제의식(사업 필요성)

1) 사업 계획 배경

- 왜 이 사업을 기획하게 되었습니까?
  - 귀 기관이 관심을 가지기 전에는 어떤 상태에 있었는지, 인근 다른 지역에도 유사한 상황이 있다면 어떻게 대응하고 있는지에 대해서도 서술해 주시기 바랍니다.

2) 기존 유사사업과의 차별성

- 기존의 시각이나 접근방식과 다른 점은 무엇입니까?

3) 신청기관의 강점

- 이 사업을 신청기관에서 수행해야 하는 이유에 대해 사전조사 내용, 관련 분야 수행 경험 등을 포함하여 기재해 주시기 바랍니다.

5. 목표 및 평가

1) 산출목표

세부 사업명	산출목표	모니터링 방법

- 성과목표를 달성하기 위해 이끌어 내야 하고 모니터링 해야 하는 산출목표는 무엇입니까?

2) 성과목표 및 평가방법

성과목표	평가 도구 및 방법	측정 시기

- **(성과목표)** 성과목표와 관련하여 아래 내용들에 대해 작성해 주시기 바랍니다.
  - 핵심 참여자의 어떤 부분을 어느 수준까지 변화시키는 것입니까?
  - 작성하고자 하는 성과목표가 이후에 기술되는 평가방법을 통해 달성 여부를 알 수 있게 됩니까?
  - (성과라고 강조하고 싶은데) 양적으로 드러내기(수치화하기) 어려운 성과목표가 있다면 무엇입니까?
  - 앞서 기술하신 사업내용과 성과목표를 논리적으로 연결하여 작성해 주십시오.
- **(평가 도구 및 방법/ 측정 시기)** 성과목표 달성 여부와 정도를 어떻게 평가하실 건가요?
  - 성과목표 달성 여부와 정도를 판단하기 위해 어떤 성과지표를 설정하실 건가요?
  - 제시된 성과목표에 대한 평가계획(자료수집 방법, 측정시기 등)은 어떠한가요?
  - 수치화하기 어려운 성과목표가 있다면 어떤 평가방법을 통해 변화의 수준과 의미를 드러내실 건가요?

6. 사업 종료 후 지향점

1) 사업 수행으로 인한 기대 효과

- 이 사업이 성공적으로 수행된다면 기대되는 효과는 무엇입니까?

2) 사업 결과의 활용 계획

- 사업의 효과로 나타난 결과를 어떻게 활용할 계획입니까?
- 사업 결과를 통해 유사기관이나 지역사회에 꼭 알리고 싶은 이야기가 있다면 무엇입니까?

정리하기

1. 프로그램 개발과정

준비(계획)단계, 실행단계, 평가단계

2. 사회복지공동모금회의 사업계획서 구성

- 대상 : ① 아동/ 청소년, ② 노인, ③ 장애인, ④ 여성/ 다문화, ⑤ 위기가정, ⑥ 지역사회, ⑦ 북한/ 해외/ 기타
- 내용 : ① 기초생계 지원, ② 교육/ 자립 지원, ③ 주거/ 환경 개선, ④ 보건/ 의료 지원, ⑤ 심리/ 정서 지원, ⑥ 사회적 돌봄 강화, ⑦ 소통과 참여 확대, ⑧ 문화 격차 해소
- 유형 : 프로그램(성과중심형, 성과확산형, 산출중심형), 기능보강

> 3. 프로그램 개발의 실제
>   ① 사업명, ② 사업 내용 및 추진 전략, ③ 예산편성, ④ 문제의식, ⑤ 목표 및 평가, ⑥ 사업 종료 후 지향점

8. 사례관리

1) 사례관리의 개념

사례관리가 출현하게 된 배경은 1960년대 대인서비스 프로그램의 급격한 성장과 관련이 있다(Rubin, 1992). 1970년대 탈시설화 정책이 본격화되고, 1980년대 복합적인 욕구를 가진 클라이언트 인구가 급격히 증가하면서 사례관리 실천의 중요성이 크게 부각되었다(김영숙, 2008). 이러한 복잡하고 분산된 서비스를 체계적으로 관리하고, 클라이언트와 그 가족에게 부과되는 과도한 책임을 분산시키기 위한 사회적 지지와 지원망이 강조되면서 복지체계에서 사례관리의 중요성이 부각되었다.

사례관리는 임상개입의 의미가 함축된 사례(case)와 행정적 의미가 함축된 관리(management)의 복합어로 다양한 문제로 인하여 사회적인 기능을 수행하기 어려운 클라이언트에게 포괄적이고 체계적이며 지속적인 서비스를 지역사회에서 제공하는 데 목적을 둔 일련의 문제해결 과정이라고 할 수 있다(강선경 · 임윤형, 2005). 사례관리는 여러 학자들에 의해 정의되었는데, 그 내용을 살펴보면 다음과 같다.

학 자	정 의
Johnson & Rubin(1983)	사례관리자가 복잡한 서비스 전달체계를 연결시켜 클라이언트로 하여금 적절한 서비스를 받을 수 있게 책임지는 것
Moxley(1989)	복합적인 욕구를 가진 사람들의 기능강화와 복지를 위해 공식적 · 비공식적 지지망을 조직하고, 조정하고, 유지하는 것
Rubin(1992)	복합적인 문제와 장애를 가진 클라이언트가 필요한 모든 서비스를 제때에 적절한 방법으로 받는 것을 확실하게 하는 서비스 전달에 대한 접근
Rothman(1991)	노인이나 장애인과 같은 장기보호를 요하는 클라이언트에게 지속적이고 효과적인 서비스를 제공하기 위한 개입방법

위 내용을 종합해 보면, 복잡하고 다양한 문제나 욕구를 가진 클라이언트가 개별적인 기관이나 전문가, 지역사회 내의 서비스제공자를 직접 찾아다니지 않고 사례관리자로부터 필요한 서비스를 보다 용이하고 효과적으로 받을 수 있도록 필요한 자원을 활용하여 클라이언트가 지역사회 내에서 독립적인 생활을 하도록 도와주는 통합적인 서비스 전달방법이라고 할 수 있다.

2) 사례관리의 기능

복합적이며 장기적인 장애를 가진 클라이언트의 욕구를 충족시키고 이들의 사회적 기능을 향상시키기 위해 사례관리자는 다양한 기능을 수행한다(이경아 외, 2011). 사례관리의 대표적인 기능은 사정, 계획, 연계, 점검, 평가라 할 수 있다(Rubin, 1992). 이 다섯 가지 기능은 사례관리가 이루어지는 맥락과 관계없이 모든 사례관리의 핵심 기능이다.

① 사정(Assessment)

사례관리자는 클라이언트의 복합적인 욕구와 그들의 현재 상황에 대한 충분한 정보를 가지고 있어야 하며, 클라이언트의 심리·사회적 기능, 사회관계망과 지역사회 내의 제공 가능한 자원 등을 포함하여 전반적인 상황에 대해 잘 알고 있어야 한다.

② 계획(Planning)

사례관리자는 사정에서 얻어진 자료로 토대로 전반적인 서비스 계획을 수립해야 한다. 계획은 클라이언트가 일상생활에 필요한 서비스를 준비하는 것을 포함하며, 지속적으로 제공될 서비스와 이러한 서비스 간의 연계, 서비스와 비공식적인 지원체계 간의 연계에 초점을 둔다.

③ 연계(Linking)

사례관리자는 클라이언트가 필요한 서비스와 프로그램을 받을 수 있도록 자원을 연결하고, 지속적으로 서비스를 받을 수 있도록 공식적·비공식적 관계를 유지해야 한다.

④ 점검(Monitoring)

사례관리자는 클라이언트에게 제공되는 서비스를 지속적으로 관리하고 감독해야 한다. 그리고 적절하고 효과적인 서비스가 제때에 제공되고 있는지 점검해야 한다. 점검을 통해 얻어진 자료를 토대로 재사정하고 새로운 계획을 수립하는 데 활용한다.

⑤ 평가(Evaluation)

사례관리자는 클라이언트와 함께 수립한 목표가 달성되었는지를 평가한다. 목표 달성 정도가 낮거나 실패한 경우 원인을 분석하여 클라이언트와 새로운 목표를 설정한다.

3) 사례관리자의 역할

사례관리자는 사정에서부터 사후관리에 이르기까지 사례관리의 전 과정에 거쳐 다양한 역할을 수행하게 된다. 사정, 계획, 연계, 점검, 평가 등 각각의 역할을 원활하게 수행하기 위해 요구되는 지식과 기술도 다양하다. 사례관리자의 다양한 역할과 주요 기능, 그리고 이러한 역할을 수행하기 위해 요구되는 지식과 기술을 요약하면 다음과 같다(이경아 외, 2011).

사례관리자의 역할과 기능, 요구되는 지식과 기술

역 할	주요 기능	지식과 기술
중개자	자원연결, 의뢰	자원에 대한 폭넓은 이해, 현행법과 정책에 대한 지식, 의사소통 기술
중재자	갈등해결	인간행동과 가족 역동에 대한 이해, 의사소통 기술
자원배당자	계획, 예산, 관리, 점검	기획기술, 유용한 자원과 비용에 대한 인식
목표유지자	클라이언트와 목표 조율	목표와 성과 점검
자료수집가	목표 달성을 위한 자료 및 정보 수집	정보를 체계화, 습득, 제공하는 능력
서비스관리자	서비스 전달, 질 관리	법규, 규칙, 절차에 대한 이해
교섭자	계약, 협정	조직 상호 간 의사소통, 조직의 내외 정책과 의례에 대한 인식

상담자	클라이언트, 가족, 서비스제공자 및 직원에 대한 지지	임상기술
문제해결자	문제 확인, 의사결정	최상의 대안에 대한 분석과 선택, 다른 학문 분야와의 공동연구
자문가	클라이언트, 가족, 서비스제공자 및 직원에 대한 원조 및 교육	교육과 훈련의 기술
기록자	기록유지, 관리	정확하고 상세한 기록
옹호자	클라이언트, 서비스, 프로그램 및 기관에 대한 옹호	욕구에 대한 인식, 훌륭한 판단, 설득력

출처 : 이경아 외(2011). 사회복지현장실습, p. 229 재정리.

정리하기

1. 사례관리의 개념
   임상개입의 의미가 함축된 사례(case)와 행정적 의미가 함축된 관리(management)의 복합어로 다양한 문제로 인하여 사회적인 기능을 수행하기 어려운 클라이언트에게 포괄적이고 체계적이며 지속적인 서비스를 지역사회에서 제공하는 데 목적을 둔 일련의 문제해결 과정
2. 사례관리의 기능
   사정, 계획, 연계, 점검, 평가
3. 사례관리자의 역할
   중개자, 중재자, 자원배당자, 목표유지자, 자료수집가, 서비스관리자, 교섭자, 상담자, 문제해결자, 자문가, 기록자, 옹호자

제 3 장

사회복지현장실습 분야

1 사회복지 대상별 실천영역

2 사회복지 전문 실천영역

제 3 장 사회복지현장실습 분야

1. 사회복지 대상별 실천영역

1) 아동복지

(1) 아동 및 아동복지의 개념

아동은 18세 미만인 사람을 말하며 아동복지란 아동이 행복한 삶을 누릴 수 있는 기본적인 여건을 조성하고 조화롭게 성장·발달할 수 있도록 하기 위한 경제적·사회적·정서적 지원을 말한다.

(2) 아동복지서비스의 실천원칙(Downs et al., 2004)

① 안전하고 영구적인 가정이 아동을 위한 가장 최선의 환경이다.

② 아동은 신체적, 성적, 정서적 학대로부터 자유롭고 안전한 환경에서 성장하여야 한다.

③ 아동의 욕구가 가족에 의하여 충족되어 있을 때 아동복지서비스는 가족의 기능을 강화하고 지지하여야 한다.

④ 아동을 배치하는 결정은 가족의 연속성에 대한 아동의 욕구를 존중하여야 한다.

(3) 아동복지서비스의 분류

① 서비스 제공 장소에 의한 분류(장인협·오정수, 2000)

가. 가정 내 서비스

아동이 부모를 비롯한 가족 구성원과 함께 생활하면서 필요한 양육과 서비스를 제공받는 경우다.

나. 가정 외 서비스

아동이 자신이 거주하는 가정과 가정 밖의 서비스 제공 장소 간에 내왕하면서 보호나 서비스를 받는 경우, 일시적 또는 장기적으로 보호시설이나 다른 위탁 가정 등에 거주하면서 양육이나 서비스를 제공받는 경우를 포함한다.

② **가족의 욕구 수준에 따른 분류**(Children's Defence Fund, 1993)

가. 모든 가정을 위한 서비스

아동을 위한 보편적인 서비스로 적절한 소득, 주거, 건강보호, 보육, 교육, 레크리에이션 서비스가 포함된다.

나. 약간의 추가지원이 필요한 가정을 위한 서비스

가정방문서비스, 가정지원센터의 서비스, 부모 및 아동교육 프로그램을 포함한다.

다. 특별한 지원이 필요한 가정을 위한 서비스

약물남용치료서비스, 정신건강서비스, 단기보호서비스, 가정폭력서비스, 부모가 감옥에 있는 아동을 위한 서비스 등이 포함된다.

라. 위기가정을 위한 서비스

집중적 가족보존서비스, 학대아동보호서비스 등이 포함된다.

마. 가정 밖의 서비스

비행아동을 위한 교정시설, 치료시설, 그룹홈, 위탁가정을 포함한다.

③ **서비스의 기능에 의한 분류**(Kadushin, 1974)

가. 지지적 서비스

부모와 아동의 관계에서 일어나는 문제를 해결할 수 있도록 부모나 가족의 기능을 지원하고 능력을 향상시켜 주는 서비스다. 지지적 서비스를 제공하는 기관에는 가족서비스기관과 아동상담기관이 있으며, 가족 구성원에 대한 개별지도와 집단서비스, 가족치료 등의 접근방법이 활용된다.

나. 보조적 서비스

아동이 가정 내에서 생활하게 지원하면서, 부모들이 가진 역할의 일부를 대신 수행하는 서비스다. 보조적 서비스에는 소득보장으로서 현금급여 또는 아동수당, 일하는 어머니를 도와주는 보육서비스, 부모가 질병이나 부재중일 때 아동의 집안일을 도와주는 가정봉사원 서비스 등이 포함된다.

다. 대리적 서비스

부모가 아닌 제3자가 부모 역할의 전부를 대신하는 경우다. 아동은 자신의 가정을 완전히 떠나서 다른 가족이나 양육자, 생활시설 등에 의하여 일시적으로 혹은 영구적으로 보호를 받게 된다. 가정위탁, 입양, 집단보호 등의 서비스가 포함된다.

(4) 아동복지시설의 종류와 기능

① 아동양육시설

보호대상아동을 입소시켜 보호, 양육 및 취업훈련, 자립지원 서비스 등을 제공하는 것을 목적으로 하는 시설

② 아동일시보호시설

보호대상아동을 일시보호하고 아동에 대한 향후의 양육대책 수립 및 보호조치를 행하는 것을 목적으로 하는 시설

③ 아동보호치료시설

아동(불량행위를 하거나 우려가 있는 아동, 정서적 · 행동적 장애 아동, 학대로 인해 일시적으로 격리치료가 필요한 아동)에게 보호 및 치료 서비스를 제공하는 시설

④ 공동생활가정

보호대상아동에게 가정과 같은 주거여건과 보호, 양육, 자립지원 서비스를 제공하는 것을 목적으로 하는 시설

⑤ 자립지원시설

아동복지시설에서 퇴소한 사람에게 취업준비기간 또는 취업 후 일정 기간 동안 보호함으로써 자립을 지원하는 것을 목적으로 하는 시설

⑥ 아동상담소

아동과 그 가족의 문제에 관한 상담, 치료, 예방 및 연구 등을 목적으로 하는 시설

⑦ 아동전용시설

어린이공원, 어린이놀이터, 아동회관, 체육・연극・영화・과학실험전시 시설, 아동휴게숙박시설, 야영장 등 아동에게 건전한 놀이・오락, 그 밖의 각종 편의를 제공하여 심신의 건강유지와 복지증진에 필요한 서비스를 제공하는 것을 목적으로 하는 시설

⑧ 지역아동센터

지역사회 아동의 보호・교육, 건전한 놀이와 오락의 제공, 보호자와 지역사회의 연계 등 아동의 건전육성을 위하여 종합적인 아동복지서비스를 제공하는 시설

⑨ 아동보호전문기관

아동학대 신고접수・현장조사 및 응급보호, 피해아동상담・조사를 위한 진술녹화실 설치・운영, 피해아동, 피해아동의 가족 및 아동학대행위자를 위한 상담・치료 및 교육, 아동학대예방 교육 및 홍보, 피해아동 가정의 사후관리, 자체사례회의 운영 및 아동학대사례전문위원회의 설치・운영 등의 업무를 수행하는 시설

⑩ 가정위탁지원센터

가정위탁사업의 홍보 및 가정위탁을 하고자 하는 가정의 발굴, 가정위탁을 하고자 하는 가정에 대한 조사 및 가정위탁 대상 아동에 대한 상담, 가정위탁을 하고자 하는 사람과 위탁가정 부모에 대한 교육, 위탁가정의 사례관리, 친부모 가정으로의 복귀 지원, 가정위탁 아동의 자립계획 및 사례관리, 관할 구역 내 가정위탁 관련 정보 제공, 그 밖에 대통령령으로 정하는 가정위탁과 관련된 업무를 수행하는 기관

⑪ 아동권리보장원

아동정책에 대한 종합적인 수행과 아동복지 관련 사업의 효과적인 추진을 위하여 필요한 정책의 수립을 지원하고 사업평가 등의 업무를 수행하는 기관

정리하기

1. 아동 및 아동복지의 개념
아동은 18세 미만인 사람을 말하며 아동복지란 아동이 행복한 삶을 누릴 수 있는 기본적인 여건을 조성하고 조화롭게 성장・발달할 수 있도록 하기 위한 경제적・사회적・정서적 지원을 말함

2. 아동복지서비스의 실천원칙(Downs et al., 2004)
• 안전하고 영구적인 가정이 아동을 위한 가장 최선의 환경
• 아동은 신체적, 성적, 정서적 학대로부터 자유롭고 안전한 환경에서 성장하여야 함
• 아동의 욕구가 가족에 의하여 충족되어 있을 때 아동복지서비스는 가족의 기능을 강화하고 지지하여야 함
• 아동을 배치하는 결정은 가족의 연속성에 대한 아동의 욕구를 존중하여야 함

3. 아동복지서비스의 분류
• 서비스 제공 장소에 의한 분류
• 가족의 욕구 수준에 따른 분류
• 서비스의 기능에 의한 분류

4. 아동복지 시설의 종류
아동양육시설, 아동일시보호시설, 아동보호치료시설, 공동생활가정, 자립지원시설, 아동상담소, 아동전용시설, 지역아동센터, 아동보호전문기관, 가정위탁지원센터, 아동권리보장원

2) 청소년복지

(1) 청소년 및 청소년복지의 개념

① 청소년기본법에서 '청소년'이란 '9세 이상 24세 이하'인 사람을 말하며, 민법에서는 '만 19세 미만의 자'를 미성년자로, 소년법에서는 '19세 미만인 자'를 소년으로 규정하고 있다.

② 청소년기본법에서 '청소년복지'란 청소년이 정상적인 삶을 누릴 수 있는 기본적인 여건을 조성하고 조화롭게 성장・발달할 수 있도록 제공되는 사회적・경제적 지원을 말한다. 청소년개발원(1994)에서는 청소년복지활동을 "청소년들의 기본적인 욕구를 충족케 하고 정신・정서・신체적으로 최상의 발달을 기하기 위해서 청소년 자신들에게 직접적으로 또는 가정이나 사회를 통해 간접적으로 제공되는 모든 사회제도적・전문적 활동"으로 정의하고 있다.

(2) 청소년복지의 접근방법

① 예방

가. 보편적 예방

청소년 모두를 대상으로 하며 문제를 전혀 가지고 있지 않은 청소년도 모두 포함한다. 개개인에 드는 비용은 적고, 일반 대중에서는 많은 호응을 얻을 수 있으며 개입 자체가 개인에게 위험이 없으며, 있다 하더라도 매우 적다. 예를 들면, 모든 청소년을 대상으로 한 흡연 예방교육, 성교육 등이 해당한다.

나. 선별적 예방

문제에 빠져들 수 있는 집단이나 문제에 빠져들 가능성이 높은 특정인을 대상으로 한다. 상대적으로 비용이 덜 들고 부정적 영향도 적으며, 있다고 하더라도 최소한에 그친다. 예를 들면, 저소득층 청소년이나 공단 주변 청소년을 대상으로 한 집중적인 성교육이나 금연교육이 해당한다.

다. 표적 예방

문제에 빠져들기 바로 직전의 청소년이나 빠져들었다 해도 그 정도가 매우 가벼워 아직 충분한 회복 가능성을 가지고 있는 청소년을 대상으로 한다.

② 치료

치료모델은 문제영역에 있는 청소년을 대상으로 직접적인 치료를 제공하는 것으로 심리치료, 약물치료, 지지집단, 입원치료 등을 통하여 문제의 해결에 중점을 둔다. 청소년이 가지고 있는 문제의 정도 내지는 기간을 줄이고, 문제가 심각한 상태로 진행되는 것으로 방지하며, 문제해결이 어려울 경우 재발의 가능성을 줄이는 데 초점을 맞춘다. 예를 들면, 약물중독에 빠져 있는 청소년을 발견해 약물중독 정도에 따라 입원치료, 상담, 요보호시설에서의 단기 격리치료를 받음으로써 약물중독이 재발되지 않도록 하는 것이다.

③ 유지

유지모델은 장기치료나 보호를 요하는 청소년을 대상으로 치료 내지는 보호의 목적에 맞게 협조할 수 있도록 하며, 재활을 포함한 후속적 조치를 포함한다. 예를 들면, 가출청소년이 귀가했다면 이 청소년이 학교에 적응할 수 있는 프로그램을 제공해 주고, 부모-자녀의 관계를 향상시킬 상담·치료서비스와 사회적응 기술을 향상할 수 있는 프로그램을 제공해 주어 다시 가출하지 않도록 서비스를 제공하는 것이다.

(3) 청소년복지 시설의 종류 및 기능

① 청소년 쉼터

가출청소년에 대하여 가정·학교·사회로 복귀하여 생활할 수 있도록 일정 기간 보호하면서 상담·주거·학업·자립 등을 지원하는 시설을 말한다.

② 청소년자립지원관

일정 기간 청소년쉼터 또는 청소년회복지원시설의 지원을 받았는데도 가정·학교·사회로 복귀하여 생활할 수 없는 청소년에게 자립하여 생활할 수 있는 능력과 여건을 갖추도록 지원하는 시설을 말한다.

③ 청소년치료재활센터

학습·정서·행동상의 장애를 가진 청소년을 대상으로 정상적인 성장과 생활을 할 수 있도록 해당 청소년에게 적합한 치료·교육 및 재활을 종합적으로 지원하는 거주형 시설을 말한다.

④ 청소년회복지원시설

소년법 제32조 제1항 제1호에 따른 감호 위탁 처분을 받은 청소년에 대하여 보호자를 대신하여 그 청소년을 보호할 수 있는 자가 상담·주거·학업·자립 등 서비스를 제공하는 시설을 말한다.

정리하기

1. 청소년 및 청소년복지의 개념 및 특성
   - '청소년'이란 '9세 이상 24세 이하'인 사람을 말하며, 민법에서는 '만 19세 미만의 자'를 미성년자로, 소년법에서는 '19세 미만인 자'를 소년으로 규정
   - '청소년복지'란 청소년이 정상적인 삶을 누릴 수 있는 기본적인 여건을 조성하고 조화롭게 성장·발달할 수 있도록 제공되는 사회적·경제적 지원을 말함

2. 청소년복지의 접근방법
- 예방 : 보편적, 선별적, 표적 예방
- 치료 : 청소년을 대상으로 직접적인 치료를 제공하는 것으로 심리치료, 약물치료, 지지집단, 입원치료 등을 통하여 문제의 해결에 중점을 둠
- 유지 : 장기치료나 보호를 요하는 청소년을 대상으로 치료 내지는 보호의 목적에 맞게 협조할 수 있도록 하며, 재활을 포함한 후속적 조치를 포함

3. 청소년복지 시설의 종류 및 기능
청소년 쉼터, 청소년자립지원관, 청소년치료재활센터, 청소년회복지원시설

3) 노인복지

(1) 노인 및 노인복지의 개념

① 노인의 개념 : '노인'이라는 용어는 나이 든 사람을 지칭하는 용어로 사용되고 있는데, 이 밖에도 고령자, 어르신, 늙은이, 시니어 등 다양한 용어로 사용되고 있다. 심신의 기능 변화에 따른 '노화'라는 의미와 시간의 흐름에 따른 달력상의 나이인 '역연령'이라는 두 가지 의미가 포함되어 있다.

② 노인복지법에서 '노인복지'란 노인의 질환을 사전 예방 또는 조기에 발견하고 질환상태에 따른 적절한 치료·요양으로 심신의 건강을 유지하고, 노후의 생활 안정을 위하여 필요한 조치를 강구하여 노인의 보건복지 증진에 기여하는 것으로 규정하고 있다.

(2) 노인복지의 기본 원칙

① 존엄성 및 개성 존중의 원칙

인간은 인간적인 권리로서 존엄성이 존중되어야 하며, 개인은 다른 개인과 구별되는 특성과 욕구를 지니고 있는 개성 있는 존재로서 인정되어야 한다.

② 개별화의 원칙

인간은 타인과 구별되는 고유한 특성이 있으므로 인간은 개성이 존중될 수 있도록 개별적으로 다루어져야 한다.

③ 자기결정의 원칙

노인 자신의 복지에 영향을 미치는 어떠한 결정도 가능하며 노인 자신의 선택에 의해 이루어지도록 해야 한다.

④ 권리와 책임의 원칙

노인은 후손의 양육과 국가 및 사회의 발전에 기여하여 온 자로 존경을 받으며 건전하고 안정된 생활을 보장받아야 하며 능력에 따라 적당한 일에 종사하고 사회적 활동에 참여할 기회를 보장받는다. 이와 함께 건강한 심신을 유지하고 그 지식과 경험을 활용하여 사회의 발전에 기여하도록 노력하여야 한다.

⑤ 보편성과 선별성의 원칙

노인복지는 정부의 주어진 재정적 및 사회적 여건하에서 노인의 욕구에 따라 선별적 원칙과 보편적 원칙을 적절히 적용해야 한다.

⑥ 개발적 기능의 원칙

문제를 가진 노인 스스로가 자발적으로 문제를 해결하도록 도움을 주어야 한다.

⑦ 전체성의 원칙

노인의 신체적, 지적, 정서적, 사회적, 심리적, 영적인 제 측면에서 전체적으로 이해하고 이를 기반으로 서비스가 주어져야 한다.

⑧ 전문성의 원칙

노인복지는 전문적 지식과 기술을 기반으로 하여 실시되어야 한다.

⑨ 노인의 시대적 욕구 반영의 원칙

노인복지는 노인들의 시대적 욕구를 잘 파악하여 이를 적절히 반영하는 것이 되어야 한다.

(3) 노인복지시설의 유형 및 기능

① 노인주거복지시설

양로시설, 노인공동생활가정, 노인복지주택

② 노인의료복지시설

노인요양시설, 노인요양공동생활가정

③ 노인여가복지시설

노인복지관, 경로당, 노인교실

④ 재가노인복지시설

방문요양서비스, 주·야간보호서비스, 단기보호서비스, 방문목욕서비스

⑤ 노인보호전문기관

학대받는 노인의 발견, 보호, 치료 지원 및 노인학대 예방을 위한 사업을 실시하는 기관

⑥ 노인일자리지원기관

노인들에게 적합한 일자리를 제공하고 관리하는 기관(중앙노인일자리 전담기관, 지역노인일자리 전담기관)

⑦ 학대피해노인 전용쉼터

※ 실습과 관련하여 경력을 갖춘 사회복지사가 있어야 하며, 노인주거복지시설, 의료복지시설, 재가노인복지시설의 경우 사회복지사업법에 의한 설치신고가 함께 되어 있어야 함

정리하기

1. 노인 및 노인복지의 개념
   - '노인'이라는 용어는 나이 든 사람을 지칭하는 용어로 사용되고 있는데, 심신의 기능 변화에 따른 '노화'라는 의미와 시간의 흐름에 따른 달력상의 나이인 '역연령'이라는 두 가지 의미가 포함되어 있음
   - 노인복지법에서 '노인복지'란 노인의 질환을 사전 예방 또는 조기에 발견하고 질환상태에 따른 적절한 치료·요양으로 심신의 건강을 유지하고, 노후의 생활 안정을 위하여 필요한 조치를 강구하여 노인의 보건복지 증진에 기여하는 것으로 규정

> 2. 노인복지의 기본 원칙
>   존엄성 및 개성 존중의 원칙, 개별화의 원칙, 자기결정의 원칙, 권리와 책임의 원칙, 보편성과 선별성의 원칙, 개발적 기능의 원칙, 전체성의 원칙, 전문성의 원칙, 노인의 시대적 욕구 반영의 원칙
> 3. 노인복지시설의 유형 및 기능
>   노인주거복지시설, 노인의료복지시설, 노인여가복지시설, 재가노인복지시설, 노인보호전문기관, 노인일자리지원기관, 학대피해노인 전용쉼터

4) 여성 · 가족복지

(1) 여성 · 가족복지의 개념

① 여성복지의 개념

한국여성개발원(1990)은 '여성복지'란 여성이 국가나 사회로부터 인간의 존엄성과 인간다운 생활을 동등하게 보장받음으로써 여성의 건강 · 재산 · 행복의 조건들이 만족스러워지는 상태를 의미하며, 동시에 가부장적 가치관과 이에 기초를 둔 법, 기타 사회제도를 개선하는 것 등으로 여성의 인간다운 삶을 실현하기 위한 모든 실천적 노력을 포함한 개념이라고 하였다.

② 가족복지의 개념

가족복지는 가족생활을 영위하기 위해 기본적으로 필요한 주거지 확보, 고용안정, 교육보장, 생계보장 등과 연결되어 있을 뿐만 아니라 가족생활의 주체가 되는 가족원 간의 정서적 유대 및 만족감 등을 포함하는 개념이다(조흥식 외, 2010).

(2) 여성복지시설의 유형 및 기능

사회복지사업법 제2조에 의거하여 여성복지와 관련된 성매매방지 및 피해자보호 등에 관한 법률, 성폭력방지 및 피해자보호 등에 관한 법률에 의해 운영되는 시설을 중심으로 살펴본다.

① 성매매방지 및 피해자보호에 관한 법률

가. 성매매피해자 등을 위한 지원시설

숙식 및 자립지원 업무를 수행하며 일반지원시설, 청소년지원시설, 외국인 지원시설, 자립지원 공동생활시설이 있다.

나. 자활지원센터

작업장 등의 설치 운영, 취업 및 기술교육, 취업 및 창업정보를 제공하는 업무를 수행한다.

다. 성매매피해 상담소

상담 및 현장방문, 지원시설 이용에 관한 고지 및 지원시설에의 인도 및 연계, 성매매피해자 등의 구조, 성매매 예방을 위한 홍보와 교육 등의 업무를 수행한다.

② 성폭력방지 및 피해자보호 등에 관한 법률

가. 성폭력피해자상담소

성폭력피해의 신고접수와 상담, 긴급보호가 필요한 사람과 보호시설 연계, 질병치료와 건강관리를 위한 의료지원 등의 업무를 수행한다.

나. 성폭력피해자보호시설

피해자 등의 보호 및 숙식제공, 심리적 안정과 사회적응을 위한 상담 및 치료, 자립·자활 교육의 실시와 취업정보 제공 등의 업무를 수행한다. 일반보호시설, 장애인보호시설, 특별지원보호시설, 외국인보호시설, 자립지원 공동생활시설, 장애인 자립지원 공동생활시설 등이 있다.

(3) 가족복지시설의 유형 및 기능

사회복지사업법 제2조에 의거하여 가족복지와 관련된 한부모가족지원법, 가정폭력방지 및 피해자보호 등에 관한 법률, 다문화가족지원법, 건강가정기본법에 의해 운영되는 시설을 중심으로 살펴본다.

① 한부모가족지원법

가. 한부모가족복지시설

모자가족복지시설(기본생활지원, 공동생활지원, 자립생활지원), 미혼모가족복지시설(기본생활지원, 공동생활지원), 일시복지지원시설, 한부모가족복지상담소 등이 있다.

② 가정폭력방지 및 피해자보호 등에 관한 법률

가. 가정폭력 관련 상담소

가정폭력 신고 및 상담, 긴급보호 및 임시보호 또는 보호시설 인도, 행위자에 대한 고발 등 법률적 자문요청 및 협조, 가정폭력의 예방과 방지에 관한 교육 및 홍보 등의 업무를 수행한다.

나. 보호시설

단기보호시설, 장기보호시설, 외국인보호시설, 장애인보호시설 등이 있으며 숙식 및 상담치료, 의료지원, 법률구조기관 등에 필요한 협조와 지원 요청 등의 업무를 수행한다.

③ 다문화가족지원법

가. 다문화가족지원센터

다문화가족을 위한 교육·상담, 한국어교육, 정보제공, 서비스 연계, 일자리 정보제공 및 알선, 통역 및 번역지원 등의 업무를 수행한다.

④ 건강가정기본법

가. 건강가정지원센터

가정문제의 예방·상담 및 치료, 건강가정의 유지를 위한 프로그램의 개발, 가족문화운동의 전개, 가정 관련 정보 및 자료제공 등의 업무를 수행한다.

정리하기

1. 한국여성개발원(1990)은 '여성복지'란 여성이 국가나 사회로부터 인간의 존엄성과 인간다운 생활을 동등하게 보장받음으로써 여성의 건강·재산·행복의 조건들이 만족스러워지는 상태를 의미하며 동시에 가부장적 가치관과 이에 기초를 둔 법, 기타 사회제도를 개선하는 것 등으로 여성의 인간다운 삶을 실현하기 위한 모든 실천적 노력을 포함한 개념이라고 정의함
2. 가족복지는 가족생활을 영위하기 위해 기본적으로 필요한 주거지 확보, 고용안정, 교육보장, 생계보장 등과 연결되어 있을 뿐만 아니라 가족생활의 주체가 되는 가족원 간의 정서적 유대 및 만족감 등을 포함하는 개념임

3. 여성복지시설의 유형 및 기능
- 성매매방지 및 피해자보호에 관한 법률 : 성매매피해자 등을 위한 지원시설, 자활지원센터, 성매매피해 상담소
- 성폭력방지 및 피해자보호 등에 관한 법률 : 성폭력피해자상담소, 성폭력피해자보호시설

4. 가족복지시설의 유형 및 기능
- 한부모가족지원법 : 한부모가족복지시설(모자가족복지시설, 미혼모가족복지시설), 일시복지지원시설, 한부모가족복지상담소
- 가정폭력방지 및 피해자보호 등에 관한 법률 : 가정폭력 관련 상담소, 보호시설(단기보호시설, 장기보호시설, 외국인보호시설, 장애인보호시설)
- 다문화가족지원법 : 다문화가족지원센터
- 건강가정기본법 : 건강가정지원센터

5) 장애인복지

(1) 장애인 및 장애인복지의 개념

① 장애인의 개념

UN의 장애인권리선언(1975)에서는 "장애인은 선천적이든 후천적이든 관계없이 정신적 또는 신체적 능력의 부족으로 인하여 개인의 일상생활 또는 사회생활에 필요한 일을 확보하는 데 스스로 또는 부분적으로 할 수 없는 사람"으로 정의하고 있다. 장애인복지법 제2조에서는 "장애인이란 신체적, 정신적 장애로 오랫동안 일상생활이나 사회생활에서 상당한 제약을 받는 자로서 대통령령으로 정하는 장애의 종류 및 기준에 해당하는 자"로 정의하고 있다.

② 장애인복지의 개념

장애인복지는 많은 사회문제 가운데 특히 장애인에게 일어나는 문제를 해결하고 장애인의 복지를 이룩하려는 사회적 노력이라고 할 수 있다.

(2) 장애인복지의 특성

① 장애유형의 다양성

장애유형 및 특성이 다양하기 때문에 장애인복지 접근에 있어 다양성을 필요로 한다.

② 장애의 개별성

동일한 장애일지라도 개인에 따라 문제의 양상이 전혀 다른 경우가 일반적이기 때문에 장애 문제 해결은 최대한 개별화된 접근방법이 필요하다.

③ 장애의 복합성

장애는 개인적인 측면과 사회적 측면이 결합된 복합적인 성격을 가지고 있기 때문에 두 측면을 모두 고려해야 한다.

④ 장애의 생애주기성

장애는 특정 연령에만 해당되지 않는 특성 때문에 장애인복지에 대한 접근은 생애주기적 접근이 필요하다.

(3) 장애인복지시설의 종류 및 기능

① 장애인 거주시설

거주공간을 활용하여 일반가정에서 생활하기 어려운 장애인에게 일정 기간 동안 거주・요양・지원 등의 서비스를 제공하는 동시에 지역사회생활을 지원하는 시설을 말한다. 장애유형별 거주시설, 중증장애인 거주시설, 장애영유아거주시설, 장애인단기거주시설, 장애인공동생활가정 등이 있다.

② 장애인 지역사회재활시설

장애인을 전문적으로 상담・치료・훈련하거나 장애인의 일상생활, 여가활동 및 사회참여활동 등을 지원하는 시설을 말한다. 장애인복지관, 장애인주간보호시설, 장애인 체육시설, 장애인 수련시설, 장애인생활이동지원센터, 한국수어통역센터, 장애인재활치료시설 등이 있다.

③ 장애인 직업재활시설

일반 작업환경에서는 일하기 어려운 장애인이 특별히 준비된 작업환경에서 직업훈련을 받거나 직업 생활을 할 수 있도록 하는 시설을 말한다. 장애인보호작업장, 장애인근로작업장, 장애인 직업능력훈련시설 등이 있다.

④ 장애인 의료재활시설

장애인을 입원 또는 통원하게 하여 상담, 진단・판정, 치료 등 의료재활서비스를 제공하는 시설을 말한다.

⑤ 장애인생산품 판매시설

장애인 생산품의 판매활동 및 유통을 대행하고, 장애인 생산품이나 서비스・용역에 관한 상담, 홍보, 판로개척 및 정보제공 등 마케팅을 지원하는 시설을 말한다.

정리하기

1. UN의 장애인권리선언(1975)에서는 "장애인은 선천적이든 후천적이든 관계없이 정신적 또는 신체적 능력의 부족으로 인하여 개인의 일상생활 또는 사회생활에 필요한 일을 확보하는 데 스스로 또는 부분적으로 할 수 없는 사람"으로, 장애인복지법 제2조에서는 "장애인이란 신체적, 정신적 장애로 오랫동안 일상생활이나 사회생활에서 상당한 제약을 받는 자로서 대통령령으로 정하는 장애의 종류 및 기준에 해당하는 자"로 정의하고 있음
2. 장애인복지는 많은 사회문제 가운데 특히 장애인에게 일어나는 문제를 해결하고 장애인의 복지를 이룩하려는 사회적 노력이라고 할 수 있음
3. 장애인복지의 특성
   장애유형의 다양성 / 장애의 개별성 / 장애의 복합성 / 장애의 생애주기성
4. 장애인복지시설의 종류
   장애인 거주시설, 장애인 지역사회재활시설, 장애인 직업재활시설, 장애인 의료재활시설, 장애인생산품 판매시설 등

6) 지역사회복지

(1) 지역사회복지의 개념

지역사회복지는 일정한 지역사회 내에서 주민의 생활과제를 사회복지사와 주민이 함께 공식적・비공식적 자원을 활용・개발하여 해결하거나 예방하는 다양한 노력들로 정의할 수 있다(박태영・채현탁, 2014).

(2) 지역사회복지의 원리와 특성

① 지역사회복지의 원리

가. 정상화

특별한 장애안 욕구를 가진 사람이라고 해서 지역사회와 분리된 곳, 시설이나 병원 등에서 살아가는 것은 인간다운 삶이 아니므로 가능한 한 일반이 살아가는 보통의 삶과 유사한 생활을 살아갈 수 있도록 하는 것을 의미한다.

나. 주민참여

지역사회복지에서 주민은 서비스 이용자임과 동시에 제공자로서의 양면성을 지니고 있으며 주민참여는 주민의 욕구 파악을 위한 것뿐만 아니라 주민이 지역사회의 주인공으로서의 주체성을 가질 수 있게 하는 것이고 지방자치단체와의 동등한 파트너십을 형성하는 방법이기도 하다.

다. 네트워크

궁극적으로는 사회적 인간관계의 조직화를 의미하는 것으로 이는 당사자의 조직화, 자원봉사자나 주민리더의 조직화, 보건·의료·복지 전문직의 연계, 사회복지기관·제도의 연계까지 포함하는 포괄적인 원리를 의미한다.

② 지역사회복지의 특성

가. 주체성

주민이 자기다운 삶을 영위하기 위해서는 자신이 원하는 서비스를 적기에 이용할 수 있어야 하는데, 이를 위해서는 서비스 생산 및 제공에 주민이 직접 참여하는 것이 필수적이다.

나. 지역성

주민의 생활권역은 주민의 생활의 장임과 동시에 사회참여의 장이므로 지역적 특성을 고려해야 한다. 물리적 거리뿐만 아니라 심리적인 거리도 포함하여 지역성을 파악해야 한다.

다. 종합성

공급자 측면에서 종합성은 서비스 제공기관 간의 연락·조정·협의 등의 네트워크 구축과 이를 실질적인 운용을 통하여 종합성을 확보할 수 있다.

이용자 측면에서는 협의의 지역사회복지서비스뿐만 아니라 보건·의료, 고용, 교육, 문화, 교통, 안전, 환경 등의 주민생활의 전반적인 영역을 포함하여 접근해야 함을 의미한다.

(3) 지역사회복지시설의 종류와 기능

① 사회복지협의회

사회복지에 관한 조사·연구 및 정책건의, 사회복지 관련 기관·단체 간의 연계·협력·조정, 사회복지소외계층 발굴 및 민간사회복지자원과의 연계·협력을 수행하는 기관이다.

② 사회복지관

지역사회의 특성과 지역주민의 복지욕구를 고려하여 서비스 제공 등 지역복지증진을 위한 사업을 실시할 수 있다.

③ 사회복지공동모금회

사회복지공동모금사업, 공동모금재원의 배분, 공동모금재원의 운용 및 관리, 사회복지공동모금에 관한 조사·연구·홍보 및 교육·훈련, 사회복지공동모금과 관련된 국제교류 및 협력증진사업, 다른 기부금품 모집자와의 협력사업 등을 수행한다.

④ 자원봉사센터

자원봉사는 개인 또는 지역사회·국가 및 인류사회를 위하여 대가 없이 자발적으로 시간과 노력을 제공하는 행위이며, 자원봉사센터는 자원봉사활동의 개발·장려·연계·협력 등의 사업을 수행하기 위해 법령과 조례 등에 따라 설치된 기관이다.

⑤ 지역자활센터

근로능력이 있는 차상위계층 주민에 대한 주민자활의욕 고취를 위한 교육, 자활을 위한 정보제공, 상담, 지역교육 및 취업알선, 생업을 위한 자금융자 알선, 자영창업 지원 및 기술·경영지도 등의 업무를 수행한다.

정리하기

1. 지역사회복지의 개념
   지역사회복지는 일정한 지역사회 내에서 주민의 생활과제를 사회복지사와 주민이 함께 공식적·비공식적 자원을 활용·개발하여 해결하거나 예방하는 다양한 노력들로 정의
2. 지역사회복지의 원리
   정상화 / 주민참여 / 네트워크
3. 지역사회복지의 특성
   주체성 / 지역성 / 종합성
4. 지역사회복지시설의 종류와 기능
   사회복지협의회, 사회복지관, 사회복지공동모금회, 자원봉사센터, 지역자활센터 등

7) 정신보건사회복지

(1) 정신보건사회복지의 개념

정신보건사회복지는 정신질환의 치료라는 공동의 목표를 위하여 정신적·정서적 장애로 고통을 받는 클라이언트의 건강회복으로 사회적응에 기여하여, 정신건강을 촉진하는 지역사회 내에서 활동하고 봉사함으로써 사회기능을 향상을 목적으로 한다.

(2) 정신보건의 통합적 관점

① 생물적 관점

개인의 생물학적 취약성 및 뇌 신경전달물질 이상과 유전적 성향을 일부 포함한다.

② 심리적 관점

개인의 심리적 특성, 인지능력, 문제해결 기술, 개인적인 대처기술의 부족을 포함한다.

③ 사회적 관점

개인의 스트레스적 생활사건, 사회적 지지 결여, 가족, 학교, 지역사회 등 사회체계로부터 발생하는 스트레스를 포함한다.

④ 복합적 관점

개인의 생물적, 심리적, 사회적 상황이 복합적으로 작용하여 정신병적 증상, 기능 제약, 사회적 불리 등이 발생하고 이는 의료적 약물치료, 개인심리지원, 사회적 지원 및 지지의 방법이 통합적으로 적용되어야 한다.

(3) 정신보건사회복지시설 및 기능

① 정신건강복지센터

정신건강증진시설, 사회복지사업법에 따른 사회복지시설, 학교 및 사업장과 연계 체계를 구축하여 지역사회에서의 정신건강증진사업 및 정신질환자 복지서비스 지원사업을 하는 다음 각 목의 기관 또는 단체를 말한다.

② 정신건강증진시설

가. 정신의료기관

의료법에 따른 의료기관 중 정신질환자를 치료할 목적으로 설치된 기관을 말한다.

나. 정신요양시설

정신질환자를 입소시켜 요양서비스를 제공하는 시설을 말한다.

③ 정신재활시설

가. 생활시설

정신질환자 등이 생활할 수 있도록 주로 의식주 서비스를 제공하는 시설을 말한다.

나. 재활훈련시설

정신질환자 등이 지역사회에서 직업활동과 사회생활을 할 수 있도록 주로 상담・교육・취업・여가・문화・사회참여 등 각종 재활활동을 지원하는 시설을 말한다.

정리하기

1. 정신보건사회복지의 개념
정신질환의 치료라는 공동의 목표를 위하여 정신적·정서적 장애로 고통을 받는 클라이언트의 건강회복으로 사회적응에 기여하여, 정신건강을 촉진하는 지역사회 내에서 활동하고 봉사함으로써 사회기능을 향상을 목적으로 함
2. 정신보건의 통합적 관점
   - 생물적 관점, 심리적 관점, 사회적 관점을 포함
   - 개인의 생물적, 심리적, 사회적 상황이 복합적으로 작용하여 정신병적 증상, 기능제약, 사회적 불리 등이 발생하고, 이는 의료적 약물치료, 개인심리지원, 사회적 지원 및 지지의 방법이 통합적으로 적용되어야 함
3. 정신보건사회복지시설 및 기능
정신건강복지센터, 정신건강증진시설(정신의료기관, 정신요양시설), 정신재활시설(생활시설, 재활훈련시설)

8) 사회보장 관련(공공영역)

(1) 사회보장의 개념

'사회보장'이란 출산, 양육, 실업, 노령, 장애, 질병, 빈곤 및 사망 등의 사회적 위험으로부터 모든 국민을 보호하고 국민 삶의 질을 향상시키는 데 필요한 소득·서비스를 보장하는 사회보험, 공공부조, 사회서비스를 말한다.

(2) 사회보장의 영역

① 사회보험

국민에게 발생하는 사회적 위험을 보험의 방식으로 대처함으로써 국민의 건강과 소득을 보장하는 제도를 말한다.

② 공공부조

국가와 지방자치단체의 책임하에 생활 유지 능력이 없거나 생활이 어려운 국민의 최저생활을 보장하고 자립을 지원하는 제도를 말한다.

③ 사회보장의 기능

사회보장은 구빈 및 방빈, 소득재분배, 사회통합, 경제안정화, 경제기반 정비, 노동력 수급 기능을 가진다.

④ 보장기관의 책임

가. 국가와 지방자치단체는 모든 국민의 인간다운 생활을 유지・증진하는 책임을 가진다.

나. 국가와 지방자치단체는 사회보장에 관한 책임과 역할을 합리적으로 분담하여야 한다.

다. 국가와 지방자치단체는 국가 발전수준에 부응하고 사회환경의 변화에 선제적으로 대응하며 지속가능한 사회보장제도를 확립하고 매년 이에 필요한 재원을 조달하여야 한다.

라. 국가는 사회보장제도의 안정적인 운영을 위하여 중장기 사회보장 재정추계를 격년으로 실시하고 이를 공표하여야 한다.

⑤ 국민의 책임

가. 모든 국민은 자신의 능력을 최대한 발휘하여 자립・자활(自活)할 수 있도록 노력하여야 한다.

나. 모든 국민은 경제적・사회적・문화적・정신적・신체적으로 보호가 필요하다고 인정되는 사람에게 지속적인 관심을 가지고 이들이 보다 나은 삶을 누릴 수 있는 사회환경 조성에 서로 협력하고 노력하여야 한다.

다. 모든 국민은 관계 법령에서 정하는 바에 따라 사회보장급여에 필요한 비용의 부담, 정보의 제공 등 국가의 사회보장정책에 협력하여야 한다.

정리하기

1. '사회보장'이란 출산, 양육, 실업, 노령, 장애, 질병, 빈곤 및 사망 등의 사회적 위험으로부터 모든 국민을 보호하고 국민 삶의 질을 향상시키는 데 필요한 소득・서비스를 보장하는 사회보험, 공공부조, 사회서비스를 의미함

2. 사회보장의 영역

   사회보험, 공공부조

3. 사회보장의 기능

   사회보장은 구빈 및 방빈, 소득재분배, 사회통합, 경제안정화, 경제기반 정비, 노동력 수급 기능을 가짐

4. 보장기관의 책임
국가와 지방자치단체는 모든 국민의 인간다운 생활을 유지·증진하는 책임, 사회보장에 관한 책임과 역할을 합리적으로 분담, 국가 발전수준에 부응하고 사회환경의 변화에 선제적으로 대응하며 지속가능한 사회보장제도를 확립

5. 국민의 책임
자신의 능력을 최대한 발휘하여 자립·자활(自活)할 수 있도록 노력하고 국가의 사회보장 정책에 협력

2. 사회복지 전문 실천영역

1) 학교사회복지사

(1) 학교사회복지의 개념 및 필요성

① 개념

학교사회복지는 학교라는 교육기관에서 전문적 능력과 자격을 갖춘 사회복지사가 제공하는 사회적 서비스를 의미한다. 사회복지사가 사회사업의 원리와 방법의 적용을 통해 학교, 가정 및 지역 사회의 자원체계를 조정, 활용하여 학생의 정상적인 생활에 장애가 되는 심리적·사회적 부적응을 조기에 발견, 예방, 치료하는 사회복지의 한 분야이다.

② 필요성

교육병리 현상과 학생문제의 해결을 위한 교육 당국의 노력에도 불구하고 진로상담교사나 일반 교사들은 과중한 업무와 전문적인 지식과 개입방법의 부족, 타 전문직과의 협조 미비 등으로 인하여 증가되는 학생문제의 예방과 치료, 해결에 효과적으로 대처하지 못하는 실정이다.

학교사회복지는 학생문제의 예방과 치료를 위해 가정, 학교, 지역사회를 연계하고 학교 부적응학생의 사회환경적 변인들에 적절한 사회복지방법을 활용함으로써 학교생활의 질을 높이고 모든 학생들이 자신들의 학업목표를 성취할 수 있도록 돕는다.

(2) 학교사회복지사의 역할

① 치료자의 역할

학생의 심리·정서적 문제를 예방하고 해결하는 심리치료 전문가와 체계적 사정과 심리치료를 제공한다.

② 원조자의 역할

경제적·사회적·환경적 영향이 학생의 심리적·정서적 문제가 되므로 사회적 서비스를 병행(장학금, 무료급식, 대리부모 등)해야 한다.

③ 교육자의 역할

교직원과 학부모, 학생에게 학생문제의 원인과 예방안을 교육시켜 문제해결에 도움을 준다.

- 학부모 : 청소년의 발달심리적 특징, 자녀양육방법
- 학생 : 성교육, 사회성기술, 또래상담기법 등
- 교사 : 비행 원인과 특징, 심리적 상태, 행동수정치료방법, 또래집단과 사회화 과정

④ 연계자 역할

학생－학교－가정－지역사회 관계를 증진시키는 연계자의 역할을 수행한다.

학생에게는 학교 및 지역사회에 자원봉사활동을 전개하도록 하고, 학교에는 지역사회의 유해환경을 개선하도록 지역사회(주민)에 요청하며, 지역사회에는 학교시설 및 환경을 개방하도록 연계할 수 있다.

⑤ 정책전문가 역할

타 전문직(교사, 양호교사, 특수교사 등)과 협력하여 학교행정이나 교육정책이 학생을 위하여 결정되도록 도움을 주며, 다학문적 접근을 통해 학생에게 최적의 교육환경이 제공되도록 도우며 교육목적을 달성하도록 할 수 있다.

(3) 학교사회복지사의 응시자격

필수자격요건은 세 가지 사항 모두 충족되어야 하며, 선택자격요건은 세 가지 중 한 가지 이상이 충족되어야 한다.

구 분	학교사회복지사 자격시험 응시자격
필수자격요건	• 사회복지사 1급 자격증 소지자 • 학교사회복지론을 이수한 자 • 아동복지론 또는 교육학 관련 교과목 중 1과목 이상 이수한 자
선택자격요건	• 240시간 이상의 학교사회복지 관련 실습을 이수한 자 • 초・중・고등학교에서 학생복지 업무를 전담하는 사회복지사로 6개월 이상 근무한 자 • 사회복지기관에서 학교사회복지 관련 실무를 1년 이상 담당한 경력이 있는 자

- 필기시험 : 학교사회복지론, 아동・청소년복지론 각 25문항(객관식 5지 선다형)
- 면접시험 : 학교사회복지에 관한 적성과 지식

정리하기

1. 학교사회복지의 개념
학교사회복지는 사회복지사가 사회사업의 원리와 방법의 적용을 통해 학교, 가정 및 지역사회의 자원체계를 조정, 활용하여 학생의 정상적인 생활에 장애가 되는 심리적・사회적 부적응을 조기에 발견, 예방, 치료하는 사회복지의 한 분야
2. 학교사회복지사의 역할
치료자, 원조자, 교육자, 연계자, 정책전문가의 역할을 수행함
3. 학교사회복지사 응시자격
• 필수요건 : 사회복지사 1급 자격증 소지자, 학교사회복지론, 아동복지론 또는 교육학 관련 교과목 이수자
• 선택요건 : 240시간 실습, 학교에서 학생복지 업무 6개월 이상 전담 사회복지사, 사회복지기관에서 학교사회복지 관련 실무 1년 이상 경력자

2) 의료사회복지사

(1) 의료사회복지의 개념 및 필요성

① 개념

의료사회복지는 보건 분야의 사회복지활동으로 사회복지사가 의사, 간호사, 다른 치료자들과 협력하여 조사, 진단, 치료과정에서 환자의 사회적 기능 회복을 돕는 것이다. 의료사회복지는 의료사회사업, 병원사회사업, 의료사회복지실천 등의 용어와 혼용되어 사용된다.

② 의료사회복지의 필요성

의료사회복지는 "의료기관에서 치료 팀의 일원으로서 사회사업의 전문적인 방법을 활용하여 환자의 질병치료와 회복 및 사회복귀 기능을 돕는 목적을 가지고 질병으로 인하여 파생되는 환자의 심리적, 사회적 및 경제적 문제가 치료와 회복에 악영향을 주지 않도록 문제를 해결해 주거나 조정하여 환자 및 그 가족을 돕는 전문적인 활동이다"라고 하였다. 환자와 가족들이 질병에 영향력이 있는 사회적, 경제적, 정서적 요인들을 이해할 수 있도록 도우며, 그러한 과정 중에 필요한 지역사회자원을 건설적으로 활용하도록 돕는 일을 통해 환자의 치료를 극대화시키고, 나아가 정상적인 사회인으로 기능할 수 있도록 환자 및 보호자의 지역사회복귀 및 재활을 위해 반드시 필요한 사회복지영역이라고 할 수 있다.

(2) 의료사회복지사의 역할

초기 의료사회복지사의 역할은 대개 환자의 퇴원 후 사회지도와 방문지도였으며 의사의 요청이 있을 때 환자의 사회력을 조사하여 보고하는 일로서 주로 개별사회사업의 접근이었다. 현재는 의료관의 변천에 따라 의료사회복지사도 그 역할이 다양해졌다.

의료사회복지사는 전문상담가로서 환자와 가족의 심리적·사회적·경제적 문제를 파악하고 진단하여 원활한 진료가 이루어질 수 있도록 원조하고, 환자가 정상적으로 가정과 사회로 복귀할 수 있도록 지원하며, 병원의 효율적인 운영과 환자에 대한 서비스 증진을 위한 프로그램을 개발하고 시행하며, 전문상담 활동 및 질환별 사회사업적 개입을 위한 연구조사활동을 수행한다.

의료사회복지사는 지역사회보건, 재활의료, 정신건강, 일반의료 등의 특수 분야가 있으며 그 역할에 다소 차이가 있다. 이 중 일반의료는 병원이나 진료의 수준에 관계없이 환자의 진료과정에서 파생되는 문제의 해결이나 효과적인 진료를 위한 협력적인 활동이며 나아가서 지역사회 자원을 활용하여 사후지도를 주로 하는 활동이다. 따라서 일반의료 사회복지사는 활동장면이 병원이나 시설 안에 한정되거나 단순히 치료장면에 몸을 던지는 것이 아니고, 예방, 치료, 재활까지 포함하여 일관되고 종합적인 보건, 의료, 복지활동을 전개하는 것이다. 따라서 일반의료사회복지사는 대상자나 문제에 대한 포괄적인 서비스를 제공하며 팀의 일원으로서 모든 분야의 총체적 역할을 수행하고 있으며, 특히 오늘날의 의료에 있어서는 임종과 호스피스, 장기이식, 소아암환자 등의 분야에서 사회사업적 지원서비스를 수행한다.

(3) 의료사회복지사의 자격

의료사회복지사가 되기 위한 자격시험이 있으며, 사회복지사 1급 자격증을 소지하여야 하고, 의료실무경력이 1년 이상이며, 대한의료사회복지사협회에서 인증한 일정 시간의 인증연수평점을 확인하여 시험에 응시할 수 있다.

정리하기

1. 의료사회복지의 개념
   보건 분야에서 다른 치료자들과 협력하여 환자의 사회적 기능 회복을 돕는 사회복지의 한 분야
2. 의료사회복지사의 역할
   - 환자와 가족의 문제를 파악하고 진단하여 원활한 진료가 되도록 원조
   - 환자가 정상적으로 가정과 사회로 복귀할 수 있도록 지원
   - 병원의 효율적인 운영과 환자에 대한 서비스 증진을 위한 프로그램을 개발, 시행

3) 군사회복지사

(1) 군사회복지의 개념 및 필요성

① 개념

군사회복지는 군인과 그 가족이 지닌 기본적인 욕구를 충족시키기 위한 사회복지적 노력의 일환으로 군조직이나 군제도가 가진 고유의 목적이 성취되도록 돕는 사회복지적 활동이다.

② 필요성

군사회복지는 군조직 혹은 군사회의 어려운 상황을 인식하고 군인 및 가족이 겪게 되는 여러 가지 생활상의 어려움을 해소하는 데 의미를 두는데, 이는 다른 집단에 비해 군조직의 독특한 특성을 전제로 한다.

(2) 군사회복지사의 역할

① 장병과 군인가족의 심리 정서적 문제를 예방하고 심리치료의 전문자로서 내담자의 문제를 명확히 규정하고, 문제의 원인을 사정하고 이에 대한 도움을 제공한다.

② 복무 부적응 병사에 대해서는 병영환경에 적응하도록 도우며, 잦은 이동으로 적응하지 못하는 가족과 자녀들을 대상으로 지역사회에 적응할 수 있는 프로그램을 개발하고 적극 참여한다.

③ 부적응의 원인과 특징, 심리적 상태, 병영 내 관계 등을 상담하여 문제를 예방하고 해결하도록 돕는다.

④ 병영 생활지도 및 진로지도를 지원하는 역할을 하여야 한다.

⑤ 병영 문화를 개선하는 노력을 해야 한다.

(3) 군사회복지사의 자격

군사회복지사는 사회복지사 1급을 소지하고 있어야 한다. 특별한 시험제도가 있는 것은 아니며, 모집공고를 통해 선발을 하게 된다.

정리하기

1. 군사회복지의 개념
   군조직이나 군제도가 가진 고유의 목적이 성취되도록 돕는 사회복지적 활동
2. 군사회복지사의 역할
   - 장병 및 가족의 심리 정서적 문제를 예방하고 치료
   - 병영환경에 적응하도록 도우며, 가족과 자녀 적응 프로그램 개발
   - 병영 생활지도 및 진로지도 지원
   - 병영 문화를 개선

4) 교정사회복지사

(1) 교정복지의 개념 및 필요성

① 교정복지의 개념

교정복지는 사회적응에 실패한 범죄자 및 비행청소년들의 사회적 적응 능력을 배양시켜 재비행과 재범을 방지하며 원만한 사회복귀를 도와 건전한 시민으로 살아갈

수 있도록 하는 복지적 처우와 조직적 서비스의 지원활동이라고 할 수 있다.

교정이란 교도소와 같은 교정시설에서 범죄를 행한 범죄인의 범죄성향을 바로잡아 사회에 적응할 수 있도록 돕는 것으로 교정은 보호보다는 엄한 성격을 가진다.

② 교정복지의 필요성

가. 인간존엄과 사회정의에 중점

사회복지학은 인간의 존엄성과 변화의 능력을 인정하고 인간을 도우면서 사회정의를 실현하려는 숭고한 가치를 바탕으로 태동하여 발전한 학문이다. 따라서 사회복지사는 어느 전문가보다 인간다운 정신과 기술을 가지고 비행청소년이나 범죄인의 재활에 적극적으로 개입할 수 있다.

나. 개인과 환경 중시

사회복지학에서 중시하는 기술은 클라이언트 개인은 물론 그의 가족과 관련인과 지역사회를 동시에 고려하도록 개발되었다. 그러므로 사회복지사의 역할은 어떤 전문가보다 비행청소년이나 범죄인의 재활뿐만 아니라 가족 및 지역사회를 함께 변화시켜야 한다는 데 더욱 중점을 두고 있다.

다. 심층 심리적 접근

사회복지학은 사회복지사 자신의 능력의 정도에 따라 클라이언트의 심리적인 문제까지도 접근할 수 있는 기술을 준비하고 있다. 그러므로 심리적인 이유로 비행이나 범죄에 빠진 청소년이나 범죄인의 재활에 단독으로나 다른 영역의 전문가와 협력하여 개입하여야 한다.

라. 지역사회 자원 활용

사회복지사는 지역사회의 유용한 자원을 끌어들이고 활용하는 기술을 겸비하고 있다. 비행청소년이나 범죄인의 재활을 위해서는 지역사회의 다양하고 많은 자원이 동원되어야 한다. 사회복지는 평소 여러 형태의 연계망을 구축하고 지원사회 안의 자원을 조직하고 활용하며 그렇게 활동할 수 있는 여건을 충분히 마련하고 있어야 한다.

(2) 교정사회복지사의 역할

교정사회복지사는 교정시설에서 근무하는 사회복지사이다. 법무부 산하의 교정시설에서 범죄인의 재활과 범죄예방에 개입하는 사회복지 전문직이다. 재소자가 재활을 통해 마음가짐이 변할 수 있게 동기부여를 주는 등 교육하는 역할과, 일방적인 욕구가 있는 범죄인들을 위해 규칙적으로 상담을 해주는 등 다양한 일을 한다.

교정사회복지는 범죄자나 비행청소년의 재활과 정상인으로서의 사회복귀를 돕는 범죄사건으로 인한 제반 영향을 해결하기 위한 전문적 사회복지의 한 분야이다. 교정복지는 교정의 문제를 사회복지적 차원에서 대처함으로써 범죄자나 비행청소년들의 개인 차원은 물론이거니와 그들을 둘러싼 사회환경에 개입함으로써 당면한 문제뿐 아니라 재범예방 차원에서 효율성을 증진시키고 범죄나 비행이 야기한 부정적인 결과를 제거하여 사회구성원의 복지증진에 기여하고자 체계적으로 연구하는 새로운 분야이다.

특히 범죄에 노출되어 있는 청소년을 비롯해서 수감생활을 하고 있는 성인까지 잘못된 길을 선택해서 그곳에서 빠져나오지 못하고 있는 사람들에게 상담자, 안내자, 중재자, 교육자의 역할로 도움을 주고 있다.

(3) 교정사회복지사의 자격

군사회복지사는 사회복지사 1급을 소지하고 있어야 하며, 특별한 시험제도가 있는 것은 아니며, 교정시설에서 공고를 통해 사회복지사를 모집하여 선발을 하게 된다.

정리하기

1. 교정사회복지의 개념
   교정복지는 사회적응에 실패한 범죄자 및 비행청소년들의 재비행과 재범을 방지하며 원만한 사회복귀를 도와 건전한 시민으로 살아갈 수 있도록 하는 사회복지적 활동
2. 교정사회복지사의 역할
   - 재활과 정상인으로서의 사회복귀를 도움
   - 재범 예방, 범죄나 비행이 야기한 부정적인 결과를 제거
   - 재소자가 재활을 통해 마음가짐이 변할 수 있게 동기부여를 주는 등 교육하는 역할
   - 상담자, 중재자 등

제 4 장

사회복지의 전망과 과제

제 4 장 사회복지의 전망과 과제

1. 사회복지실천의 쟁점

1) 선별적 복지와 보편적 복지

사회복지서비스를 누가 받아야 하는가는 사회복지에서 지속적으로 논의되고 있으나 정답이 없다. 이와 관련하여 사회복지 분야에서는 선별주의와 보편주의가 논의된다. 선별주의는 자산조사를 통한 개개인의 욕구에 기초하여 사회복지서비스를 제공해야 한다는 입장이다. 기초생활수급제도, 푸드스탬프 등이 선별주의를 대표하는 예라고 볼 수 있다. 이와 반대로 보편주의는 기본권으로서 모든 사람이 사회복지서비스를 받아야 한다는 입장이다. 보편적 복지는 아동수당, 노인수당, 청년수당 등이 보편주의가 가장 잘 반영된 예라고 볼 수 있다.

(1) 선별적/ 잔여적 복지

윌렌스키와 르보(Wilensky & Lebeaux, 1965)는 가족, 경제, 정치, 등이 정상기능을 수행하지 못할 때 사회복지제도가 상호부조 기능을 발휘하여 다른 사회제도의 기능을 보완, 보충해 주는 역할을 담당하게 되는 경우를 잔여적, 보충적 사회복지라고 규정하였다. 즉, 가족과 시장경제가 개인의 욕구충족과 복지의 일차적인 책임을 원활히 수행하지 못할 때 파생되는 사회문제를 해결하기 위해 사회복지제도가 등장하게 된 것이다.

다시 말해서, 사회복지의 기능은 사회적 약자에게 안전망의 기능을 수행하는 것이다. 그러므로 사회복지는 다른 사회제도의 기능을 임시로 보충할 뿐이며, 이들 사회제도가 다시 제 기능을 회복하게 되면 사회복지제도는 그 기능을 수행할 수 없게 된다. 말 그대로 보충적이고 임시적이고 이차적인 기능을 수행하는 것이다. 이와 같이 잔여적 사회복지는 사회복지제도를 사회의 유지, 발전에 필수적인 사회제도로 간주하지 않는다(권중돈 외, 2013).

개인과 그 가족의 삶에 대한 일차적 책임은 먼저 그 개인에게 있다는 자유주의적 사상과 삶의 위한 모든 재화는 시장에서 얻어야 한다는 시장경제의 원칙을 바탕으로 한다. 특히 국가와 사회의 공동체적 책임과 노력은 그 다음 문제로 인식하는 것이다. 이러한 협의의 사회복지는 최소한의 복지를 지향하며 지금 당장 현저하게 삶의 질이 떨어져서 개인이나 그 가족의 노력으로는 정상적인 사회생활을 영위할 수도, 회복할 수도 없는 상태에 이르러 삶 자체가 파괴될 정도에 이른 경우에만 한정하여 국가가 개입해야 한다는 견해이다(김제선 외, 2016).

잔여적 사회복지는 매우 소극적이고 한정적인 사회복지 개념으로서 대상범위를 기준으로 하면 선별적 사회복지의 관점과 직접적으로 연결되어 있다. 선별적 사회복지는 예외주의(exceptionalism)와 보수주의(conservatism) 이념에 기반을 두고 있다(Popple & Leighniner, 1999). 즉, 사회문제는 특정 범주에 속한 사람에게서 발생하며 사회규범에 비추어 볼 때 예외적이고, 개인의 결함・사고・불행한 상황에서 발생한다고 본다. 따라서 선별적 사회복지의 관점에서는 사회복지의 대상을 노인, 장애인, 아동 등 사회적 약자나 요보호대상자로 한정하고, 이들의 문제나 고통을 경감시키고 해결하는 데 초점을 둔다(권중돈 외, 2013).

(2) 보편적/ 제도적 복지

윌렌스키와 르보(Wilensky & Lebeaux, 1965)는 제도적 사회복지를 개인이나 집단이 만족스러운 삶을 영위할 수 있도록 원조하기 위해 만들어진 사회서비스와 사회제도의 조직적인 체계로 규정하고 있다. 이러한 제도적 사회복지는 개인이 지역사회의 요구에 적절히 대응하면서 자신의 능력을 최대한 개발하고, 자신의 복지를 증진하고 자아실현을 도모하는 데 목표를 두고 있다.

현대사회에서는 핵가족화가 불가피하고 노인 단독가구의 급증뿐만 아니라 젊은 세대와 더불어 1인 가구가 급증하면서 가족형태가 변화하고 있다. 이에 따라 가족 구성원 간의 상부상조로서 기능이 약화될 뿐만 아니라 이제는 독립적인 세대가 증가하고 있어 사회복지의 기능이 더욱 필요해지고 있다. 특히 가족기능 약화는 아동의 돌봄과 양육 문제, 노인 부양 문제, 장애인 돌봄 문제 등 이들의 사회화를 가족이

전적으로 책임지는 것은 불가능한 것으로 기정사실화되어 가면서 한계에 부딪히는 우리 사회문제를 이해해야 할 것이다. 또한 우리 사회의 산업 경제 제도가 생산과 분배에 따른 제 기능이 온전히 수행되지 못함으로써 예상치 못한 실직과 빈곤을 경험해야 하는 상황에 놓여 있다. 이러한 상황에서 개인과 가정의 안정을 도모하는 수단으로서 사회복지제도는 중요한 부분을 차지하고 있다(김제선 외, 2016).

따라서 제도적 사회복지는 개인의 힘만으로는 생활문제에 적절히 대처할 수 없고 가족이나 시장경제를 통해서 모든 욕구를 적정 수준에서 충족할 수 없다고 보는 것이다. 특히 개인문제나 사회문제의 발생 원인이 개인이나 가족이 아니라 불합리한 사회구조에 있다고 간주한다. 따라서 제도적 사회복지는 사회문제의 발생을 예방하거나 경감하기 위해 부적절한 사회제도를 개선하는 데 초점을 둔다. 그리고 모든 국민에게 급여나 서비스를 받을 권리가 있다고 보기 때문에 사회복지의 대상인 개인에게 낙인을 주거나 개인을 비정상적인 존재로 간주하지 않는다. 오히려 이들의 자아실현을 돕기 위한 다양한 급여나 서비스를 적극적으로 제공한다.

(3) 선별적 복지와 보편적 복지 비교

사회복지의 오랜 역사적 경향은 선별적 복지에서 보편적 복지로, 잔여적 복지에서 제도적 복지로 바뀌어 왔다. 이들 각 개념의 구성요소는 다음과 같다.

사회복지의 선별적, 보편적 개념의 구성요소

구성요소	선별적(잔여적)	보편적(제도적)
욕구	욕구는 비정상적인 것	욕구는 예측되며, 산업화에서 나타남
문제	문제의 상황은 긴급하고 위기	문제는 현대생활의 복잡성에서 나타남
도움	그들의 자원이 고갈된 후에만 도움	도움은 파괴되기 전에 제공
단점	문제와 서비스는 낙인을 수반	낙인은 없으나, 개별화된 서비스 제공은 어려움
기간	서비스는 일시적인 향상의 형태로 최후 수단의 구호품 또는 자선 가능한 한 일찍 종결	서비스는 예방과 재활을 강조 제도화는 영구적일 수 있음
가치	엄격한 개별주의 철학	안전과 인본주의 강조
초점	치료	예방

출처 : 전재일 외(2009). 사회복지개론, pp. 7-8 일부 수정.

따라서 잔여적이고 한정적인 개념은 넓은 의미의 보편적 사회복지의 일부 구성요소를 형성하고 있다고 볼 수 있으며, 사회복지를 넓고 복합적인 개념으로 이해하는 것이 바람직하다.

정리하기

1. 선별적/ 잔여적 복지
   - 사회적 약자에게 안전망의 기능
   - 기초생활수급자, 푸드스탬프(자산조사를 통한 사회적 낙인)
2. 보편적/ 제도적 복지
   - 부적절한 사회제도 개선
   - 아동수당, 노인수당 등 누구나 받을 권리
3. 선별적 복지와 보편적 복지의 비교
   선별적 복지에서 보편적 복지로, 잔여적 복지에서 제도적 복지로 변화

2) 지역사회보호

지역사회보호는 "지역 내 보호가 필요한 대상자에 대해 민관협력을 기초로 지역단위 보호망을 구축 및 운영하는 것"을 의미한다. 이는 지역사회의 보호가 필요한 사회취약계층, 즉 독거노인, 학대피해 노인, 장애인 가구, 보호대상 아동, 자살위험군 대상자 등을 민관협력 토대의 지역네트워크 기반으로 지역단위에서 보호해 나가기 위한 시스템을 구축하여 운영하는 것을 말한다.

(1) 지역사회보호의 필요성

① 보호네트워크 강화

지역 내 보호가 필요한 대상자에 대한 민관협력 토대의 상시 보호체계 구축을 통한 지역복지를 증진한다. 공공부문 사례관리사업 간 연계・협력 체계를 보다 강화하고, 주민조직 기능을 활성화시켜 민관협력의 보호네트워크를 활성화하는 것이며, 복지통(이)장, 명예 사회복지공무원 및 읍・면・동 지역사회보장협의체 등 민관협력의 인적 안전망 강화로 선제적 사각지대 발굴 및 위기가구 지원 체계를 구축한다.

② 지역공동체 활성화

주민참여 활성화를 통한 지역공동체 문화를 조성하고, 연대의식을 강화하며, 지역문제 해결을 위한 주민들의 적극적인 참여를 도모한다.

(2) 지역사회보호의 주요 내용

① 지역 내 공공부문 사례관리 사업 간 연계·협력 체계 마련

읍·면·동 찾아가는 복지전담팀과 시·군·구 희망복지지원단에서 이루어지는 '통합사례관리', '노인돌봄기본서비스', '드림스타트(취약계층 아동통합서비스)', '방문건강관리서비스', '의료급여사례관리', '자활사례관리', '중독사례관리(중독관리통합지원)', '정신건강사례관리' 사업 간 연계·협력 체계 구축

② 지역 단위 방문형 서비스 사업 간 현황 공유 및 연계·협력 체계 마련

- 방문형 서비스를 공공(시·군·구)에서 직접 수행하는 읍·면·동 주민센터(복지담당공무원)와 보건소(방문건강간호사) 간 협력 체계 구축
- 방문형 서비스 수행 인력의 공동(팀) 방문을 추진하고, 개별 방문의 경우에도 필요한 정보를 상호 공유할 수 있는 체계 마련

③ 지역복지 활성화 방안 마련 등 지역복지 컨트롤타워로서의 역할 강화

지역 특성에 따른 복지 문제에 대응하기 위한 지역 차원의 활성화 방안을 모색하고, 중·장기적인 지역복지 추진전략 수립 등

예 통합사례관리 사업 추진을 통해 그동안의 성과에 기초한 지역 내 복지수요와 자원공급상의 격차 분석을 통한 중·장기적 지역복지 추진 전략 수립 등

④ 통·이장을 복지업무에 활용하는 복지통(이)장제 시행 및 읍·면·동 지역사회 보장협의체를 구성·운영하여 읍·면·동 단위 인적 안전망 강화

- 복지통장은 지역주민 가구 방문을 통해 사각지대 발굴 및 취약주민의 근황 파악 등 임무 수행

  예 주민 탐문, 주민등록 일제정리 및 전입신고 사후확인 등 기존 업무 수행을 위한 가정 방문, 취약계층 조사(독거노인, 한부모가정 등) 등을 통해 발굴

- 읍·면·동 지역사회보장협의체는 복지대상자에 대한 정기적 방문 및 모니터링 등 지역보호체계 구축 지원
  - 예 통(이)장, 종교기관·복지기관 관계자, 자원봉사자, 주민자치위원과 읍·면·동 공무원 등으로 구성하여 지역자원 발굴 등에 활용

⑤ '좋은 이웃들' 사업과의 효과적인 연계를 통한 지역 내 복지소외계층 상시 발굴 체계 구축 및 운영

⑥ 주민의 자발적 참여를 통한 인적 안전망 '명예 사회복지공무원' 구성·운영

- 공공기반(시·군·구, 읍·면·동)의 복지 전달체계 확충과 더불어 주민의 자발적 참여를 통한 인적 안전망('명예 사회복지공무원')을 구성하여 경제적·관계적 빈곤 문제 해소를 위한 지역 공동체 기반 형성
- 읍·면·동 지역사회보장협의체를 중심으로 주민 참여를 통한 인적 안전망을 확대하고, 상시 발굴 체계 확산
- 주요 역할 : 가구방문을 통한 안부확인, 초기 위험감지, 복지욕구 파악, 읍·면·동 신고 및 자원·서비스 연계 등

⑦ 위기가구 발굴 대책 반영

- 시·군·구 희망복지지원단에서 명예 사회복지공무원 임명·구성
- 위기가구 발굴 시 희망복지지원단에서 지원

⑧ 차상위계층 지원사업 통합지원

차상위계층 자격 신청 후 욕구 등에 부합하는 급여가 없는 경우 통합사례관리 회의를 거쳐 사례관리 사업비 등을 통한 지원 추진

⑨ 고독사 예방 대책 지원

고독사 위험군 발굴 시 통합사례관리를 통한 지원

⑩ 자살예방 국가 행동계획 지원

- 읍·면·동 찾아가는 복지전담팀 또는 시·군·구 희망복지지원단 담당 사례관리 대상자 중 정신건강 영역의 문제가 있는 경우, 욕구조사에서 정신건

강 부문 지원욕구가 있는 경우, 심각한 수준의 학대피해자, 자살유가족, 자살시도자 등은 정신건강복지센터로 연계・관리

- 시・군・구 희망복지지원단 통합사례회의 시 지역사회 상담 제공기관의 참여 및 상담 제공기관으로의 서비스 의뢰・연계 활성화

(3) 지역사회보호의 수행체계

① 읍・면・동 행정복지센터

- 관할 구역의 방문형 서비스 수행 인력(기관)과 구체적인 협력 시행 체계를 만들고, 이를 기초로 복지대상자에 대한 방문 상담 수행 및 정보 공유(방문형 서비스 담당기관 및 희망복지지원단)
- 통・리・반장 등 지역주민의 적극적인 참여에 기반하여 읍・면・동에서 활용하는 방문형 서비스 인력도 연계・협력 체계에 반영 수행

② 지역사회보장협의체

민관협력에 기초하여 지역 내 사회보장과 관련된 문제에 대한 효과적인 대응방안을 제시하는 등 지역 단위 민관 거버넌스 주체로서 역할 수행

③ 공공・민간서비스제공기관

공공부문 사례관리 연계・협력 사업 관련 회의에 적극적으로 참여하여 협력하고, 지역 내 복지욕구 대응을 위한 자원제공 시 지원

④ 지역주민

주민조직 네트워크 구축에 적극적으로 참여하고, 지역 내 민관협력을 보다 활성화시킬 수 있는 가교적 역할 수행

정리하기

1. 지역사회보호의 필요성
   보호네트워크 강화, 지역공동체 활성화
2. 지역사회보호의 주요 내용
   지역 내 공공부문 사례관리 사업 간 연계・협력 체계 마련, 지역 단위 방문형 서비스 사업

간 현황 공유 및 연계·협력 체계 마련, 지역복지 컨트롤타워로서의 역할 강화, 읍·면·동 단위 인적 안전망 강화, 지역 내 복지소외계층 상시 발굴 체계 구축 및 운영, 주민의 자발적 참여를 통한 인적 안전망 '명예 사회복지공무원' 구성·운영, 위기가구 발굴 대책 반영, 차상위계층 지원사업 통합지원, 고독사 예방 대책 지원, 자살예방 국가 행동계획 지원

3. 지역사회보호 수행체계
- 읍·면·동 행정복지센터 : 방문형 서비스 담당기관
- 지역사회보장협의체 : 민관협력 거버넌스 체계 구축
- 공공·민간서비스제공기관 : 지역 내 복지욕구 대응
- 지역주민 : 주민조직 네트워크 구축

2. 사회복지의 과제와 전망

1) 사회복지의 과제

(1) 복합적인 사회적 위험에 대한 대응 : 욕구변화에 대한 대응

우리 사회는 전통적인 산업사회에서의 소득중단 문제와 연결되는 위험(실직, 빈곤, 질병, 장애, 노령 등)이 존재하고 이와 더불어 탈산업화사회, 지식기반사회에서의 돌봄과 일의 병행, 저출산, 정보격차 등으로 표현되는 새로운 위험에 대한 대처 노력이 필요하다. 또한 시대의 변화에 따른 사회복지의 인식 변화(영리활동으로 변화), 가족기능 및 부양의식의 약화에 따른 사회복지수요 증대, 소득격차 심화에 따른 상대적 빈곤의식 개선, 인구구조의 변화로 인한 저출산, 고령화 문제 해소, 기계문명(산업화, 도시화 등)의 발달로 인한 사회적 위험의 증가, 사회복지실천의 통합성 강조 등의 현실적 위험에 대비해야 한다.

(2) 심화하는 양극화에 대한 대응 : 사회복지재정의 확보, 전달체계 확립

우리 사회는 세계화, 개방화라는 대외적인 영향력과 조세와 복지제도를 통한 소득재분배 기능의 부족으로 인해 계층, 세대 간의 양극화가 심화되고 있다. 이에 대한 안정적인 사회복지재원 마련과 재원의 올바른 분배 및 전달을 위해 전달체계 확립에 관심을 기울여야 한다.

(3) 저출산, 고령화에 따른 사회경제적 변화에 대응

우리 사회는 저출산, 고령화라는 인구사회학적 변화로 인한 노동 생산인구의 감소가 예상된다. 이에 대한 장기적이고 적극적인 대처 노력이 필요하며 출산장려 및 일과 가정이 양립할 수 있는 사회구조 변화, 노인인구 증가에 따른 사회적 대비 등의 노력이 필요하다.

(4) 사회복지전문인력 확보

① 사회복지전달체계의 효율성을 향상할 수 있는 전문인력 배치 필요

정책수행과정, 서비스 지원과정 등에서의 사회복지전문인력 배치가 필요하다.

② 사회복지욕구의 다양성으로 인한 정책 및 실천 전문지식 필요

노인, 다문화, 외국인 근로자, 한부모가정 등의 증가와 문화, 여가 생활의 확대에 따른 복지서비스와의 연계된 욕구의 증가가 예상된다.

③ 사회복지교육에서의 내실화 및 전문성 강화

대학교육의 내실화 및 실습강화 등이 요구된다. 또한 분야별 사회복지 전문가 및 전문봉사자 양성이 필요하다.

정리하기

1. 사회복지의 과제
   - 복합적인 사회적 위험에 대한 대응 : 욕구변화에 대한 대응
   - 심화하는 양극화에 대한 대응 : 사회복지재정의 확보, 전달체계 확립
   - 저출산, 고령화에 따른 사회경제적 변화에 대응
   - 사회복지전문인력 확보

2) 사회복지의 전망

(1) 사회복지정책의 기조 변화

① 복지-생산력 확보와 연계된 인재개발 정책 확대

가. 적극적인 보육정책을 통한 여성 인력 활용

나. 정년 연장 및 재교육 정책을 통한 고령 인력 활용

다. 학제 개편 및 군복무 단축 등을 통한 청년 인력 활용

② 고착되는 양극화를 극복할 수 있는 정책 강화

가. 주택 지원 정책 확대

나. 교육 지원 정책 확대

③ 양성평등이 가능한 정책 확대

가. 여성 사회참여 정책 확대

(2) 사회복지정책 구현 조건

① 재원의 조달 가능성 확보

가. 조세지출과 재정정책의 소득 재분배 효과에 대한 검토

② 복지와 경제의 선순환에 대한 정당성 확보

가. 사회안전망 구축을 통한 고용안정

나. 돌봄 관련 일자리의 창출 및 확대

다. 여성, 노인의 사회참여 확대

③ 입법, 행정, 실천의 주체 확보

(3) 사회복지의 전망

① 국민의 복지의식 향상과 욕구의 다양화에 따른 사회복지 수요의 증가

② 사회복지 수요 증가에 따른 사회복지인력의 수요 증가

③ 새로운 개척 분야로 영역 확대 : 군, 다문화, 교정, 산업, 외국인 등

④ 국민의 사회복지서비스 질 향상과 권리의식 강화

⑤ 사회환경 변화와 사회적 욕구의 다양화에 따른 국가와 사회의 책임성 확대

⑥ 주민의 자발적인 참여 확대를 위한 지역사회 중심의 복지운동 강화

⑦ 우리나라의 경제적 위상에 맞는 국제사회에 대한 기여 확대

정리하기

1. 사회복지정책의 기조 변화
   - 복지-생산력 확보와 연계된 인재개발 정책 확대
   - 고착되는 양극화를 극복할 수 있는 정책 강화
   - 양성평등이 가능한 정책 확대
2. 사회복지정책 구현 조건
   - 재원의 조달 가능성 확보
   - 복지와 경제의 선순환에 대한 정당성 확보
   - 입법, 행정, 실천의 주체 확보
3. 사회복지의 전망
   - 국민의 복지의식 향상과 욕구의 다양화에 따른 사회복지 수요의 증가
   - 사회복지 수요 증가에 따른 사회복지인력의 수요 증가
   - 새로운 개척 분야로 영역 확대 : 군, 다문화, 교정, 산업, 외국인 등
   - 국민의 사회복지서비스 질 향상과 권리의식 강화
   - 사회환경 변화와 사회적 욕구의 다양화에 따른 국가와 사회의 책임성 확대
   - 주민의 자발적인 참여 확대를 위한 지역사회 중심의 복지운동 강화
   - 우리나라의 경제적 위상에 맞는 국제사회에 대한 기여 확대

부록

표준서식

1. 사회복지현장실습 관련 서식 – 교육기관용
2. 사회복지현장실습 관련 서식 – 실습기관용
3. 사회복지현장실습 관련 서식 – 실습생용

1 사회복지현장실습 관련 서식 - 교육기관용

[교육기관 1] 실습의뢰서

○○○대학교(원)

수신자
(참 조)
제 목 **사회복지현장실습 의뢰**

1. 항상 사회복지현장실습 교육을 위해 애써 주시는 귀 기관에 감사드립니다.

2. 사회복지현장실습을 수강하는 본교 사회복지학과 학생의 실습교육을 의뢰하오니 아래를 참조하시어 협조하여 주시기 바랍니다.

- 아 래 -

가. 학생명 : (학생연락처 :)
나. 실습기간 :
다. 실습지도교수 :
라. 실습담당조교 :
(연락처 : 사회복지학과 ☎)

별첨 : 실습신청서 1부. 끝.

○○○대학교(원) ○○대학 사회복지학과장(직인)

시행 처리과 - 일련번호(시행일자) 접수 처리과명 - 일련번호(접수일자)
우 주소 /홈페이지 주소
전화( ) 전송( ) /기안자의 공식 전자우편주소 / 공개구분

※ 교육기관의 상황에 따라 변경하여 사용할 수 있음

[교육기관 2] 실습신청서

실 습 신 청 서

ㅇ 실습기관 :

1. 실습생 인적사항

이름		생년월일			
소 속		학과/ 전공		학년/ 학기	
현주소					
전화번호	집 :		휴대폰 :		
E-Mail					

2. 실습 의뢰내용

실습부서	
실습분야	
실습내용	
실습기간	

* 상기 내용으로 귀 기관에 실습신청을 의뢰하며 실습생 프로파일을 동봉합니다.

신청인(학생명) : ____________________ 인

실습지도교수 : ____________________ 인

학과장/ 대학원장 : ____________________ 인

[교육기관 3] 실습생 프로파일

실습생 프로파일

1. 인적사항

<table>
<tr><td rowspan="5">(사진)</td><td>실습생명</td><td></td><td>성 별</td><td></td><td>생년월일</td><td></td></tr>
<tr><td>소속</td><td colspan="5">대학교(원) 전공 학년(학기)</td></tr>
<tr><td>주소</td><td colspan="5"></td></tr>
<tr><td>전화번호</td><td colspan="5">집 : 핸드폰 :</td></tr>
<tr><td>E-mail</td><td colspan="5"></td></tr>
</table>

2. 이수 전공과목

교과목명	이수 완료	현재 이수	교과목명	이수 완료	현재 이수	교과목명	이수 완료	현재 이수
사회복지학개론			인간행동과 사회환경			사회복지실천론		
사회복지실천 기술론			지역사회복지론			사회복지정책론		
사회복지행정론			사회복지법제와 실천			사회복지조사론		
사회복지자료 분석론			프로그램개발과 평가			가족복지론		
아동복지론			청소년복지론			노인복지론		
여성복지론			장애인복지론			정신건강론		
정신건강사회 복지론			의료사회복지론			학교사회복지론		
산업복지론			자원봉사론			사회문제론		
사회복지역사			사회보장론			교정복지론		
사회복지윤리와 철학			사회복지지도 감독론			사회복지 현장실습		

3. 경력

구분 (취업, 실습, 봉사)	기관	기간	내용

4. 사회복지를 전공하게 된 동기

5. 실습기관 선택 이유

6. 실습을 통해서 성취하고자 하는 목표

7. 실습을 마친 후 목표달성 정도를 파악할 수 있는 기준

8. 사회복지를 실천하는 데 있어 자신의 강점과 약점

1) 사회복지 지식 및 기술의 측면	2) 개인적인 특성 측면

9. 취미 및 특기

10. 실습기관, 실습지도자 및 실습지도교수에게 바라는 점

[교육기관 4] 사회복지현장실습생의 자세

사회복지현장실습생의 자세

우리는 사회복지 실습생으로서 사회복지사 윤리강령과 다음 사항을 준수한다.

1. 실습의 목적과 중요성을 충분히 이해하고 실습계약 사항을 이행하기 위하여 최선의 자세로 실습에 임한다.
2. 실습은 대학에서 학습된 이론을 구체적으로 적용하는 과정임을 인식하여 이에 최선을 다한다.
3. 실습교육기관의 구성원이라는 생각으로 타 구성원과 협력하며 친화적인 태도를 취한다.
4. 기관의 정책을 이해하고 수용하며 실습과정에서 준수하도록 한다.
5. 근무시간은 기관의 규정에 준하며 직원과 동일한 자세로 근무시간에 임하도록 한다.
6. 실습시작 최소 10분 전에 출근하여 출근을 확인하며, 업무에 관계된 사항을 사전에 준비하도록 한다.
7. 결근, 조퇴, 지각 등 근태와 관련된 사항은 반드시 실습지도자에게 사전에 보고하여 허락을 받도록 한다.
8. 실습지도자의 지시뿐 아니라 타 직원의 지도를 잘 이행하여 실습효과를 최대화하도록 한다.
9. 직무에 강한 책임감과 열의를 갖고 적극적으로 임하며 타인에게 책임을 전가하거나 태만하게 행동하지 않는다.
10. 실습으로 인하여 알게 된 클라이언트의 사적인 정보를 교육적 목적(대학실습지도 등) 이외에는 절대 발설하지 않으며, 교육적 목적이라 하더라도 가명을 사용하여 개인의 비밀이 침해되지 않도록 한다. 실습 종료 후, 실습 관련 내용을 학회지 등에 게재하고자 할 때는 반드시 실습지도자와 상의하여 허락을 받아야 한다.
11. 실습지도자의 지도 혹은 타 실습생의 실습을 견학, 관찰할 경우 배우는 자세로 진지한 태도를 취한다.
12. 기관의 직원, 클라이언트 등에 대해 예의를 지킨다.
13. 복장, 소지품은 실습 기관의 특성과 상황에 맞게 취하되 가능한 한 화려한 것을 피하고 검소하며 단정한 것으로 착용하도록 한다.

14. 안전사고에 만반을 기하도록 하며 안전사고와 관련된 기관의 규정을 사전에 숙지하여 그에 준해 처리하도록 한다.
15. 실습일지를 비롯한 각종 실습기록은 사실에 근거하여 정확하고 구체적으로 정리하여 실습 시 실습지도자와 실습지도교수의 강평을 받는다.
16. 과제에 관하여 연구하고 그 결과물에 대해 실습지도자의 강평을 받는다.
17. 실습과정 중 어떤 경우라도 사례금 등의 금품을 절대 주거나 받지 않는다.
18. 과제물은 정해진 기일에 제출하고 출근 전에 작성을 마친다.
19. 기관의 명칭을 사적으로 활용하지 않으며 실습생의 신분을 지킨다.
20. 기관을 대표한다는 자세로 실습교육기관의 직원들과 동일한 업무 태도와 자세를 취한다.

2 사회복지현장실습 관련 서식 - 실습기관용

[실습기관 1] 실습신청의뢰서

실 습 기 관 명

수신자
(참 조)
제 목 **사회복지현장실습 신청의뢰서**

---

1. 사회복지교육 및 연구활동을 통해 사회복지발전에 전력을 다하시는 귀하와 귀교의 무궁한 발전을 기원합니다.

2. 아래와 같이 사회복지현장실습 교육이 가능하오니 관심 있는 학생들이 참여할 수 있도록 협조를 부탁드립니다.

\- 아 래 -

1. 실습부서/ 분야 :
2. 실습지도자 :
3. 대학별 배정 가능 실습생 수 :
4. 실습담당직원 : (연락처 : ☎)
5. 실습비 :

별첨 1 : 실습지도계획서
별첨 2 : 실습지도자 프로파일

실습기관장(직인)

시행 처리과 - 일련번호(시행일자) 접수 처리과명 - 일련번호(접수일자)
우 주소 /홈페이지 주소
전화( ) 전송( ) /기안자의 공식 전자우편주소 / 공개구분

[실습기관 2] 실습지도계획서

실습지도계획서

실습지도자 :

1. 실습목적 :

2. 실습목표 :

3. 실습분야 :

4. 실습기간 :

5. 실습대상 :

6. 교육계획

단위시간	내용	담당	비고

7. 실습지도방법
   - 개별실습지도 계획 :
   - 집단실습지도 계획 :
   - 기타 계획 :

8. 실습일정

주	월/일	시간	실습내용	담당	과제물

9. 실습생의 책임과 과제 :

10. 참고도서 :

[실습기관 3] 실습지도자 프로파일

실습지도자 프로파일

1. 인적사항

성 명		성 별	
기관명/부서		직 책	
담당 업무		전 화	
이 메 일		팩 스	
최종학력		최종학력의 전공	
사회복지사 자격번호		사회복지 총 실무경험기간	년 개월

2. 실습지도 및 실습분야 관련 주요 교육배경

교육명	주관단체	기간	수료/ 자격 여부

3. 사회복지 분야 근무경력

기관명	기간	직책	담당업무

4. 본인의 전공분야(현재 자신의 관심분야, 실천모델, 실천기술과 기법)

5. 실습지도자로서의 자신의 특성(강·약점)

6. 실습생에게 바라는 점

[실습기관 4] 실습의뢰에 대한 회신

실습의뢰에 대한 회신

귀 대학의 실습생의 실습의뢰를 수락합니다.

실습생명		소속대학	
기관명			
기관주소		전화번호	
실습지도자	직위 : 부서 : 성명 :	연락처	전화 : 팩스 :
		E-mail	

실습기간	년 월 일 ~ 년 월 일 (오리엔테이션 일정 : 년 월 일 시)
필요서류	다음 서류를 실습개시일 ( )일 전까지 우송바랍니다. – 실습생 프로파일 1부 – 실습비 (원) (실습개시일 납부요망) – 기타 필요한 서류 ( )
실습을 위한 기타 준비사항	– 참고문헌 – 사전 과제물
대학에 대한 의견	

실습지도자 (인)

기 관 장 (인)

[실습기관 5] 실습생 출근부

실습생 출근부

□ 성명 : 긴급연락처 : 전자우편 :

월 일	출근시간	퇴근시간	실습생 확인	실습지도자 확인	지각, 조퇴, 결근 여부	사유

* 기입요령 : 출근시간, 퇴근시간 표시, 퇴근 시 실습생 및 실습지도자가 확인하며, 지각, 조퇴, 결근 시 그 사유를 함께 기록함

[실습기관 6] 실습지도 기록서

실습지도 기록서

○ 실습지도자 :

○ 실　습　생 :

일시	실습지도 내용	비고

[실습기관 7] 실습평가서(교육기관 발송용)

실습평가서(교육기관 발송용)

기관명		실습지도자	
실습부서		실습지도교수	
실습기간			
실습생		평가일시	

○ 출석상황

☐ 무단결석 없음 ☐ 무단결석 1회 ☐ 무단결석 2회 ☐ 무단결석 3회 이상

○ 다음은 실습생에 관한 평가입니다. 실습생이 실습지도 기간 동안 보여주었던 태도와 행동을 기준으로 아래 항목에 솔직하게 평가해 주시기 바랍니다.

실습내용에 포함되어 있는 사항에 관해서만 평가하여 주시고, 평균에는 평가항목 총점을 평가항목 개수로 나눈 점수를 기입하면 됩니다.

(1점 : 매우 그렇지 못하다 ~ 5점 : 매우 그렇다)

항목	내용	1	2	3	4	5
실습 지도에 대한 태도	1. 실습지도 시간을 엄수한다.					
	2. 적극적이고 긍정적인 자세로 실습지도에 참여한다.					
	3. 실습지도에서 지적된 내용을 수용한다.					
	4. 배우는 입장에서 진지하게 노력하고 발전하려는 태도를 가진다.					
	5. 실습지도자와 실습생으로서 공식적 관계를 형성한다.					
기관이해 및 관계유지	6. 동료실습생과 긍정적이고 원만한 협력 관계를 유지한다.					
	7. 기관의 목적, 정책, 규칙, 사업내용을 이해한다.					
	8. 기관 내에서 실습생으로서의 권한과 한계를 알고 일한다.					
	9. 기관 내 타 직원과 협조적인 대인관계를 형성, 유지하여 업무를 처리한다.					
기본적 태도와 자질	10. 일의 우선순위를 결정하는 능력이 있다.					
	11. 할당된 시간 안에 일을 계획하고 수행한다.					
	12. 자신의 장점과 단점을 잘 인식하고 대응한다.					
	13. 사회복지실천 지식을 실습내용에 적용한다.					
	14. 사회복지실천의 가치와 윤리를 갖고 임한다.					
	15. 전문가로서의 편견, 선입견, 고정관념을 인식하고 객관성을 유지한다.					
	16. 실습지도 내용을 실행에 옮긴다.					
	17. 실습과정을 책임감 있게 수행한다.					
기 록	18. 기록, 보고서 등을 정해진 일시에 제출한다.					
	19. 실습내용을 사실에 근거하여 정확하게 기록한다.					
	20. 실습내용을 체계적이고 구체적으로 기록한다.					
	21. 클라이언트와의 상호작용 및 실습생의 사고와 감정을 기록한다.					
	22. 실습지도를 통해 지적된 사항 및 배운 것을 정확히 기록한다.					
전문적 태도와 관계 형성	23. 클라이언트와 전문적 관계를 형성하고 활용한다.					
	24. 전문적 관계형성에서 동정과 감정이입을 구별하여 적용한다.					
	25. 주변의 자원을 파악하고 그것을 활용하려고 노력한다.					
	26. 비심판적이며 경청과 수용의 태도를 가진다.					
	27. 클라이언트의 능력과 동기의 한계를 수용한다.					
	28. 실습지도자가 지시한 것을 잘 파악하여 실행에 옮긴다.					
개인에 대한 개입	29. 클라이언트가 표현한 의사소통과 암시적인 의사소통을 이해한다.					
	30. 실습생이 의도한 바를 클라이언트에게 명확하게 전달한다.					
	31. 클라이언트의 문제와 상황에 관련된 정확한 자료를 수집한다.					
	32. 수집된 자료를 체계적으로 종합하고 이론에 기초하여 사정한다.					
	33. 클라이언트 가족 등 주변의 지지자원을 활용한다.					
	34. 클라이언트와 환경의 상호역동성의 이해 아래 개입목표와 전략을 수립한다.					
	35. 개입목표에 따라 클라이언트의 긍정적인 변화를 유도한다.					

항목	내용	1	2	3	4	5
가족에 대한 개입	36. 가족의 역동성을 파악하고 가족상황에 관련된 정확한 자료를 수집한다.					
	37. 가족의 구조를 명확히 이해하여 필요한 가족개입의 기술을 활용한다.					
	38. 가족의 상호역동성의 이해 아래 개입목표와 전략을 수립한다.					
	39. 가족 구성원을 개별화하고 성원들이 긍정적으로 변화하도록 유도한다.					
집단에 대한 개입	40. 집단 역동을 파악하여 의미 있는 개입으로 집단을 지도한다.					
	41. 집단에서 주 진행자와 보조진행자의 의미와 역할을 알고 실천한다.					
	42. 집단의 구조를 명확히 하고 필요한 집단지도의 기술을 활용한다.					
	43. 집단 성원을 개별화하고 성원 간 의미 있는 관계를 형성하도록 한다.					
	44. 집단의 목적에 대해 정확히 사정한다.					
	45. 정확한 사정에 입각하여 적절한 프로그램을 계획하고 실행한다.					
	46. 집단의 상호작용이 목적 지향적이고 성원들이 긍정적으로 변화하도록 한다.					
지역 사회에 대한 개입	47. 지역주민들이 지역사회의 요구와 문제를 파악하도록 돕는다.					
	48. 파악된 지역사회요구를 사회행동으로 계획하고 실행한다.					
	49. 지역사회구조와 권력에 대해 이해하고 그 지역사회 상황을 정확히 파악한다.					
	50. 지역사회자원을 정확히 파악하고 접근한다.					
정책 및 행정 분야	51. 정책형성 및 개선과 관련된 이해집단들의 문제 상황 및 요구와 정책발의자들 및 집행자들의 이해관계를 정확하고 객관적으로 이해한다.					
	52. 정책형성 및 개선과 관련된 이해집단과 건설적이고 전문적인 관계를 맺는다.					
	53. 문제 상황에 적합한 정책대안을 개발하는 데 적극적으로 참여한다.					
	54. 기본정보를 정확히 사용하며 실증적인 자료 분석의 지식을 가지고 문제를 분석한다.					
	55. 사회복지행정체계 및 전달체계에 대해 정확하게 이해한다.					
기관 고유 항목*	56.					
	57.					
	58.					
	59.					
	60.					

※ 기관 고유 항목에는 기관의 특성과 실습상황에 맞는 평가항목을 실습지도자가 추가적으로 직접 기입하고 평가할 수 있습니다.

<table>
<tr><td>총 평</td><td colspan="5">(※ 실습생의 실천가로서의 장단점 및 대학에 대한 건의)</td></tr>
<tr><td>평가문항
개수</td><td colspan="2"></td><td>총점</td><td colspan="2"></td></tr>
<tr><td>평균
(총점 ÷
평가문항개수)</td><td colspan="5">(※ 기록 후 테이프 부착 후 실습지도자 서명 요망)</td></tr>
<tr><td rowspan="4">평점부여</td><td colspan="5">※ 여기에 부여하는 평점은 실습생이 받게 되는 성적표상의 최종 평점은 아닙니다. 교육기관 실습지도 점수와 함께 사회복지현장실습 평점 부여 시 주요 고려사항이 됩니다.</td></tr>
<tr><td>☐ A+</td><td>☐ B+</td><td>☐ C+</td><td>☐ D+</td><td rowspan="3">☐ F</td></tr>
<tr><td>☐ A0</td><td>☐ B0</td><td>☐ C0</td><td>☐ D0</td></tr>
<tr><td>☐ A−</td><td>☐ B−</td><td>☐ C−</td><td>☐ D−</td></tr>
</table>

실습지도자 : ____________________ 인

기 관 장 : ____________________ 인

☞Tip－점수 기준 : 평가항목 중 해당되는 항목을 평가하여 평가한 문항 수로 나누면 학생의 점수 평점이 5점 만점으로, 5~4.5점 사이는 A대의 점수 부여, 4.4~4.0점 사이는 B대, 3.9~3.5점 사이는 C대, 3.4~3점 사이는 D대 2.9점 이하는 F.

각 점수대의 ＋, 0, －는 점수범위의 분포에 따라 적절히 부여할 수 있음

[실습기관 8] 사회복지현장실습 교육 수료증

사회복지현장실습 교육 수료증

수료번호: ○○○○(연도)-○○(번호)

○○대학(원) 성명 : ○○○ (학번)

상기 학생은 아래의 과정을 수료하였으므로 사회복지현장실습 교육 수료증을 발급합니다.

– 아 래 –

1. 실 습 지 도 자 :
2. 실습교육기관 :
3. 실 습 기 간 :
4. 실 습 분 야 :

년 월 일

○○기관장 (직인)

[실습기관 9] 실습기관 등록증

NO. 2013－L0000001

사회복지현장실습기관 등록증

등록번호	○○○○(연도)-○○○○○(번호)		
등록일자			
기 관 명		대 표 자	
주 소			
실습지도자		실습시간	

상기 기관은 한국사회복지사협회에서 주관하는 사회복지현장실습 등록제에 의한 실습기관으로 등록되었기에 사회복지현장실습기관 등록증을 발급합니다.

년 월 일

한국사회복지사협회장

* 본 증명서는 인터넷으로 발급되었으며, 발급일로부터 1개월까지 유효합니다.

3 사회복지현장실습 관련 서식 - 실습생용

[실습생 1] 실습생 서약서

실 습 생 서 약 서

본인은 ○○ 기관의 실습생으로서 다음의 사항을 준수할 것을 서약합니다.

1. 사회복지사 윤리강령
2. 클라이언트와 기관에 대한 비밀 유지
3. 실습교육기관 및 실습지도자의 요구사항

년 월 일

실습생 : (인)

○○ 기관 귀중

[실습생 2] 실습 계약서

실습 계약서

실습생명		소속 대학	
기관명		주소 / 전화번호	
실습지도자		실습지도교수	

1. 일반적 사항
   1) 실습기간 : ________년 ______월 ______일부터
      ________년 ______월 ______일까지 총 ______일
   2) 업무시간 : 주 _____일 근무, _______시부터 ________시까지
   3) 대학 실습세미나 시간 : ______요일, _____시부터 ______시까지
   4) 결석에 대한 조치

2. 실습의 목적과 목표
   1) 목적
   2) 목표

3. 실습생의 의무와 책임

4. 실습지도자의 의무와 책임

5. 실습지도교수의 의무와 책임

상기 사항을 성실하게 이행하여 실습을 진행하도록 하겠습니다.

년 월 일

실 습 생 ______________ 인
실습지도자 ______________ 인
실습지도교수 ______________ 인

[실습생 3] 실습일지

실 습 일 지

1. 실습생명 :

2. 실 습 일 :

3. 오늘의 목표 :

4. 진행내용(시간, 내용 등을 중심으로 기록)

5. 실습생 의견(배운 점, 의문사항, 건의 등 포함)

6. 실습지도자 의견

[실습생 4] 실습기관 분석보고서

실습기관 분석보고서

실습생명		기관명	
기관주소	(전화 :)		
기관소개자	(부서 : 직책 :)		

1. 기관의 역사
   1) 기관 설립동기 및 설립목적
   2) 기관 사업의 역사적 변천
   3) 기관 역사에 대한 실습생의 평가

2. 기관의 목적

3. 기관의 주요 사업 및 프로그램
   1) 클라이언트 및 대상 지역
   2) 주요 사업
   3) 서비스 전달체계
   4) 기관의 대상층 및 주요 사업에 대한 실습생의 평가

4. 기관의 행정사항
   1) 기관의 조직구조
   2) 예산, 후원 및 지원 사항
   3) 기관의 행정구조와 예산 사용 및 후원에 대한 실습생의 평가

5. 기관이 속한 지역사회, 물리적 환경의 특징
   1) 지역사회
   2) 물리적 환경(시설, 공간 등)

6. 사회복지기관으로서 지역 내 타 기관들과의 연계
   1) 관계유형 및 내용
   2) 기관의 타 기관과의 관계유지에 대한 실습생의 평가

7. 기관의 특별한 면이나 전반적인 사항에 대한 인상이나 느낌

[실습생 5] 사례관리 계획서

사례관리 계획서

실습생명 :

클라이언트명		성 별		조사일	
주 소		전화번호		작성일	
직 업		학력		연령	
의뢰경위		경제상태	□ 일반 □ 저소득 □ 수급자		

1. 일반적인 사항
   - 가족상황, 경제상황, 건강상황, 일상생활 및 주거상황, 사회심리적 상황, 자원활용 상황

2. 클라이언트에 관한 사항
   - 신체, 인지, 정서, 행동기능 면 / 클라이언트의 강·약점

3. 욕구진술

4. 개입계획

욕구	결과목표	세부목표	표적체계	개입전략 및 수행방법	비고 (역할분담 등)

5. 서비스 일정표

날짜	담당	서비스 목표	서비스 내용	준비물	비고

[실습생 6] 사례관리 진행일지

사례관리 진행일지(　　　회)

클라이언트명		실습생명	
일　　시		장　　소	

1. 목표 및 내용

결과목표	하위목표	서비스목표	서비스내용

2. 과정기록

3. 평가

   1) 목표달성 및 서비스 평가

   2) 클라이언트에 대한 평가

   3) 사례개입에 대한 자신의 역할 평가

4. 계획

[실습생 7] 사례관리 종결기록서

사례관리 종결기록서

클라이언트명	
실습생명	
서비스 제공기간	

1. 제공된 서비스

2. 사례관리 목표 달성 정도

3. 사후지도 계획

[실습생 8] 집단지도 계획서(소집단용)

집단지도 계획서(소집단용)

집 단 명		집단지도자(실습생)명	
대 상		성원 수	
기 간		장 소	

1. 실시 배경

2. 목적

3. 목표

결과목표 1		결과목표 2	
하위목표 1-1		하위목표 2-1	
하위목표 1-2		하위목표 2-2	

4. 목표 관련 지도내용 및 구체적 수행방법

결과목표	하위목표	지도내용	수행방법	비 고

5. 평가계획

평가지표	
평가도구	
평가방법	

6. 회기별 일정표

횟수	일시	목표	내용	준비물

7. 예산

[실습생 9] 집단과정 일지(소집단용)

집단과정 일지(소집단용)

집단지도자(실습생)명		집단명	
집단진행 날짜		집단활동 장소	
참석자(명)명단			
결석자(명)명단			

1. 목표 및 세부목표

1. 목표 : 2. 세부목표 : 2－1. 2－2.

2. 집단진행 요약

시간	프로그램 내용	사회복지사의 역할

3. 과정기록
   1) 모임 전 단계(자리 위치 표시)
   2) 모임 단계
   3) 모임 후 단계

4. 평가
   1) 목표 달성 및 프로그램 평가
   2) 집단의 역동성(성원－성원, 성원－지도자)
   3) 성원의 개별 평가(개인의 변화, 참여도, 지도자·타 회원과의 관계)
   4) 지도자 자신에 대한 평가(역할 및 의도적 개입)

5. 다음 집단모임 계획

[실습생 10] 집단의 개별회원 분석표(소집단용)*

집단의 개별회원 분석표(소집단용)

회원명		집단명	
회원 수		집단지도자(실습생)	

집단의 목표	
개인의 목표	

회기	날짜	참석 여부 /참석인원	개인의 변화 정도 및 내용	참여도	지도자와의 관계	타 회원과의 관계
1		/				
2		/				
3		/				
4		/				
5		/				
6		/				
7		/				

<종합평가>

* 모든 집단지도 상황에서 활용되어야 하는 것은 아니며, 집단과정에서 개인의 변화를 민감하게 기록할 필요가 있을 경우에 활용할 수 있음

[실습생 11] 집단 종결 기록서(소집단용)

집단 종결 기록서(소집단용)

집단명		집단지도자(실습생)명	
집단진행 날짜		집단활동 장소	
전체 진행회기 수		출석률	
주요 진행사항			

1. 회원의 평가
   1) 운영 면
      (1) 프로그램 진행평가
      (2) 집단 참여 태도
   2) 프로그램 내용
   3) 목표달성
   4) 다음 프로그램에 대한 의견
   5) 지도자에 대한 평가

2. 지도자(실습생)의 평가
   1) 집단의 특징
   2) 회원의 참여도
   3) 집단성원에 대한 개별화의 정도
   4) 집단역동의 활용 정도
   5) 집단에 대한 발달단계 분석

구분	초기	중기	말기
참여도			
개인의 변화			
지도자와의 관계			
타 회원과의 관계			
기타(　　　　)			
기타(　　　　)			

[실습생 12] 프로그램 계획서(대집단 및 지역사회복지)

프로그램 계획서(대집단 및 지역사회복지)

프로그램명		지도자(실습생)명	
대　　상		참여자 수	
기　　간		장　　소	

1. 프로그램 실시 배경

2. 프로그램 목적

3. 프로그램 목표

결과목표 1		결과목표 2	
하위목표 1-1		하위목표 2-1	
하위목표 1-2		하위목표 2-2	

4. 목표 관련 지도 내용 및 구체적 수행방법

결과목표	하위목표	지도내용	수행방법	비　고

5. 평가계획

평가지표	
평가도구	
평가방법	

6. 회기별 일정표

횟수	일시	목표	내용	준비물

7. 예산

[실습생 13] 프로그램 평가서(대집단 및 지역사회복지)

프로그램 평가서(대집단 및 지역사회복지)

프로그램명		지도자(실습생)명	
대 상		참여자 수	
기 간		장 소	

1. 프로그램 목적 및 목표달성 평가

결과목표	하위목표	달성 정도	평가 근거	의의

2. 프로그램 과정 평가
   1) 준비과정
   2) 진행과정
   3) 종결 및 정리과정

3. 프로그램 만족도 평가

4. 예산평가

5. 추후 프로그램을 위한 제언

[실습생 14] 사회복지정책 분석보고서(정책개발 및 평가)

사회복지정책 분석보고서(정책개발 및 평가)

분석자(실습생)명 :

정 책 명	
관련법규/ 지침	
주무부서	

1. 문제제기 및 분석목적

2. 분석한 정책의 주요 내용

3. 자료수집 및 분석방법

4. 분석결과 논의
   1) 정책목표 분석
   2) 정책이 추구하는 가치 분석
   3) 급여대상 분석
   4) 급여의 적절성 분석
   5) 급여의 전달체계 분석
   6) 재정 분석

5. 관련 정책과 관련한 주요 이해당사자의 입장 분석

6. 분석한 정책의 개선방향 및 전망

7. 총평

[실습생 15] 사회행동, 옹호활동 보고서(사회행동)

사회행동, 옹호활동 보고서(사회행동)

분석자(실습생)명 :

구분	요약 제시
사회행동명	
활동 목적	
참여자	
대상집단	
옹호대상	

1. 문제제기 및 활동목적

2. 참여자의 특성

3. 대상집단의 특성

4. 옹호집단의 특성

5. 주요 활동경과

6. 활동전략 분석
   1) 대상 집단을 이기기 위한 힘을 얻기 위한 전략
   2) 합법성을 확보하기 위한 전략(법적 행동 포함)
   3) 타 조직과 협력하는 전략
   4) 전술을 연결시키는 전략
   5) 협상을 전개하는 전략
   6) 홍보 및 언론활용 전략

7. 향후 행동전략 제안

[실습생 16] 홍보기획서

사회복지기관(사업) 홍보기획서

기획자(실습생)명 :

1. 상품(홍보하려는 기관이나 사업)의 특성 분석
   (상품의 내용, 경쟁기관이나 사업의 존재 여부 등)

2. 유치하려는 소비자 집단의 특성별 구분

3. 대상별 소비자에게 호소하기 위한 전략
   (담당, 장소, 방법 등을 일목요연하고 자세히 제시)

4. 홍보일정

5. 홍보예산

6. 첨부(보도자료, 광고전단, 안내지 자료, 홈페이지 자료 등)

[실습생 17] 개별면접 일지

개별면접 일지

실습생명		면접날짜와 시간	
클라이언트		면접장소	

1. 면접 준비과정

2. 면접목표

1) 2)

3. 과정기록 및 분석

면접내용	실습생 분석	실습지도 내용

* 주요한 면접장면에 대해서는 대화체의 기록을 직접 인용하는 것이 권장됨
* 면접자의 의도적인 개입, 언어적·비언어적 의사소통 모두에 주의하여 기록할 것
* 상기 내용이 포함된다면, 기관 상황과 면접 상황에 맞추어 별도 양식 활용 가능

4. 면접목표 달성에 대한 평가

5. 실습생 의견

6. 다음 면접 계획

[실습생 18] 가족상담 기록서

가족상담 기록서

클라이언트 (IP)		성별		연령	
날짜		장소		총 횟수/ 시간	
실습생명				실습지도자	

1. 의뢰과정

2. 문제 상황에 대한 가족의 정의

3. 가계도

4. 가족생태도 : 가족의 하위체계 간 관계 등 기록

5. 가족의 사회자원망

6. 가족생활주기

7. 가족사정 및 이론적 근거

8. 개입목표와 개입전략

9. 개입내용 정리

회기	내용	주요 질문과 내담자의 반응

10. 평가 및 사후관리계획

[실습생 19] 사회조사 계획서

사회조사 계획서

조 사 주 제	
조사/ 분석일	
조사자(실습생)명	

1. 문제제기 및 조사문제의 제시
   1) 문제의 기술
   2) 검토될 조사문제에 대한 진술
   3) 문제의 중요성과 조사 필요성 제시

2. 조사와 관련한 문헌자료 검토
   1) 이론적 · 역사적 관점
   2) 문헌에서 파악된 차이점들 검토

3. 조사방법 제시
   1) 조사 설계와 자료수집절차
   2) 표집설계
   3) 대상에 대한 기술
   4) 측정방법 기술
   5) 자료분석 절차

4. 예산

5. 기타 필요한 사항

6. 부록(관련 참고문헌, 설문지 등 필요한 자료를 첨부할 수 있음)

[실습생 20] 사회조사 진행일지

사회조사 진행일지

조 사 주 제	
진 행 일	
조사자(실습생)명	

1. 조사 진행단계 기록

2. 조사과정에서 보완되어야 할 사항 기록

3. 추후 조사 진행 계획

[실습생 21] 사회조사 분석평가서

사회조사 분석평가서

조 사 주 제	
진 행 일	
조사자(실습생)명	

1. 문제제기 및 조사문제의 제시
   1) 문제의 기술
   2) 검토될 조사문제에 대한 진술
   3) 문제의 중요성과 조사 필요성 제시
2. 조사와 관련한 문헌자료 검토
   1) 이론적 역사적 관점
   2) 문헌에서 파악된 차이점들 검토
3. 조사방법 제시
   1) 조사 설계와 자료수집 절차
   2) 표집설계
   3) 대상에 대한 기술
   4) 측정방법 기술
   5) 자료분석 절차
4. 조사결과 제시
   1) 기술적 분석
   2) 인과적 분석
5. 논의점
   1) 밝혀진 사항에 대한 설명
   2) 실천에의 함의
   3) 평가의 한계와 약점
6. 참고문헌
7. 부록(설문지 외 조사와 관련된 주요 자료 첨부)

[실습생 22] 기관방문분석 보고서

기관방문분석 보고서

※ 특정 분야나 내용에 관심을 가지고 방문을 추진한 경우에는 별도의 양식을 활용하거나, 특정 내용만 선택하여 기록할 수 있습니다.

실습생명		방문기관명	
기관소재지	(전화 :)		
기관소개자	(부서 : 직책 :)		

1. 기관방문 목적
2. 기관방문을 위한 질의사항 및 응답 정리
3. 기관방문을 통해 알게 된 지식

〈검토할 사항 예시〉
1. 기관의 역사 (1) 기관 설립동기 및 설립목적 (2) 기관 사업의 역사적 변천 (3) 기관 역사에 대한 실습생의 평가 2. 기관의 목적 3. 기관의 주요 사업 및 프로그램 (1) 클라이언트 및 대상 지역 (2) 주요 사업 (3) 서비스 전달체계 (4) 기관의 대상층 및 주요 사업에 대한 실습생의 평가 4. 기관의 행정사항 (1) 기관의 조직구조 (2) 예산, 후원 및 지원 사항 (3) 기관의 행정구조와 예산 사용 및 후원에 대한 실습생의 평가 5. 기관이 속한 지역사회, 물리적 환경의 특징 (1) 지역사회 (2) 물리적 환경(시설, 공간 등) 6. 사회복지기관으로서 지역 내 타 기관들과의 연계 (1) 관계유형 및 내용 (2) 기관의 타 기관과의 관계유지에 대한 실습생의 평가 7. 기관의 특별한 면이나 전반적인 사항에 대한 인상이나 느낌

[실습생 23] 지역탐방보고서

지역탐방보고서

○ 조사자(실습생)명 : ○ 지역소개자 :

1. 탐방지역

2. 지역의 주요 사회지표 제시

3. 지역의 인구사회학적 특성

4. 지역의 사회경제학적 특성

5. 지역의 사회복지기관 및 자원 탐색

6. 필요하거나 보완되어야 할 사회복지서비스 제안

7. 결론

8. 첨부(관련 지도를 비롯한 탐방보고서 작성에 참조한 자료를 첨부할 수 있음)

[실습생 24] 실습 중간평가서

실습 중간평가서

※ 본 평가서는 사회복지현장실습 지침서를 참고하여 실습생 본인이 작성하며, 서술양식으로 작성한 뒤 실습지도자와 평가회를 갖는 것을 추천함

실습생명		기관명	
실습기간		실습지도자	
실습평가일		실습지도교수	

1. 실습목표와 관련된 실습내용 및 역할에 대한 평가
   1) 수행한 실습내용 및 역할의 요약
   2) 평가
   3) 앞으로의 계획

2. 실습에 임한 자세 및 노력

3. 실습을 통해 배운 점

4. 앞으로 더 필요한 지식과 기술

5. 실습에서 어려웠던 점

6. 기관 및 실습지도자에게 건의할 점

[실습생 25] 실습평가서

실습평가서

※ 본 평가서는 사회복지현장실습 지침서를 참고하여 실습생 본인이 작성하며, 서술양식으로 작성한 뒤 실습지드자와 평가회를 갖는 것을 추천함

실습생명		기관명	
실습기간		실습지도자	
실습평가일		실습지도교수	

1. 실습일정에 대한 평가

2. 실습내용 및 역할에 대한 평가

3. 실습목표에 대한 평가
   1) 구체적이고 적절한 목표 설정 여부
   2) 목표의 달성 여부

4. 서비스 실천과정에 대한 평가/ 정책 및 행정 실습에 대한 평가
   1) 문제 파악 및 자료수집 능력/ 문제인식 능력
   2) 문제 사정 능력/ 문제 분석 능력
   3) 개입 기술/ 문제해결을 위한 대안제시능력
   4) 면접 기술/ 기존지식과 정보의 사용능력
   5) 기록 기술/ 기록 기술
   6) 클라이언트와의 전문적인 관계 형성/ 유관 기관 및 관련된 사람들과 전문적인 관계 형성

5. 실습생의 자원 활용에 대한 평가(인적 · 물적 자원)
   1) 기관 외의 자원 활용
   2) 실습과 관련된 참고서적의 활용

6. 실습에 임하는 자세에 대한 평가
   1) 업무관리
      (1) 시간 준수, 과제제출
      (2) 주어진 일에 대한 업무조절 능력
   2) 직원과의 관계(실습지도자, 타 직원, 타 전문직 직원)
   3) 다른 실습생과의 관계
   4) 실습에 있어서의 적극성 및 자발성

7. 전문적 태도에 대한 평가
   1) 사회복지사로서 실습생 자신의 장·단점에 대한 인식
   2) 전문가로서 윤리 및 가치관의 이행

8. 실습지도 활용 정도에 대한 평가
   1) 실습생 자신의 실습지도 활용 정도에 대한 평가
      (1) 기관 실습지도
      (2) 대학 실습지도
   2) 실습지도 자체에 대한 평가
      (1) 기관 실습지도
      (2) 대학 실습지도

9. 기관 이해도에 대한 평가
   1) 실습생의 과업과 관련된 기관의 목적, 정책, 행정 절차에 대한 이해
   2) 실습생으로서의 기관 내의 권한과 한계에 대한 인식

10. 실습기간 중 가장 유익했던 내용

11. 실습기간 중 가장 안 좋았던 내용

12. 실습기관, 실습지도자, 대학에 대한 건의사항

13. 기타 하고 싶은 말

[실습생 26] 사회복지현장실습 확인서

※ 실습생은 졸업 후 사회복지사 자격증 신청 시 성적증명서와 함께 제출해야 함

<table>
<tr><td colspan="7">사회복지현장실습 확인서 〈2017.05.23.개정〉</td></tr>
<tr><td rowspan="3">실습생
인적사항</td><td>성 명</td><td colspan="2"></td><td>생년월일</td><td colspan="2">※'주민등록번호' 앞자리 6개</td></tr>
<tr><td>전화번호</td><td colspan="2"></td><td>휴대전화</td><td colspan="2"></td></tr>
<tr><td>학교/ 학과명</td><td colspan="2"></td><td>실습지도교수 성명</td><td colspan="2"></td></tr>
<tr><td rowspan="9">실습기관
및
실습
지도자
인적사항</td><td>실습기관명</td><td colspan="2"></td><td>실습기관 등록번호</td><td colspan="2"></td></tr>
<tr><td>주 소</td><td colspan="2">※ '도로명 주소' 로 기입해 주세요</td><td>전화번호</td><td colspan="2"></td></tr>
<tr><td>실습기간</td><td colspan="5">년 월 일부터 년 월 일까지</td></tr>
<tr><td>실습시간</td><td colspan="5">총 시간 (1일 평균 시간)</td></tr>
<tr><td>실습지도자명</td><td></td><td colspan="2">사회복지사 자격번호
(취 득 일)</td><td colspan="2">제 - 호
(. . .)</td></tr>
<tr><td colspan="3">실습지도자 경력기간</td><td>기 관 명</td><td>직위</td><td>직종(직책)</td></tr>
<tr><td colspan="3">년 월 일 ~ 년 월 일</td><td></td><td></td><td></td></tr>
<tr><td colspan="3">년 월 일 ~ 년 월 일</td><td></td><td></td><td></td></tr>
</table>

위와 같이 실습내용을 확인합니다.

년 월 일

실습지도자 : (서명 또는 인)

실습기관 : (직 인)

년 월 일

실습지도교수 : (서명 또는 인)

한국사회복지사협회장 귀하

○ 실습기관 등록번호는 한국사회복지사협회 사회복지현장실습 등록시스템((http://lic.welfare.net)에 실습기관으로 등록한 기관만 기재하시기 바랍니다.
○ 실습지도자, 실습기관, 실습지도교수의 서명 또는 직인은 세 개 모두 기재하여야 합니다.
○ 사회복지현장실습 확인서 작성 예시는 홈페이지(http://lic.welfare.net)를 참고하시기 바랍니다.
○ 허위사실 기재로 판명될 경우, 자격증 발급이 되지 않을 수 있으며 이미 발급되었다 하더라도 자격이 취소될 수 있습니다.

〈사회복지현장실습에 관한 기준〉 – 사회복지사업법 시행규칙 제3조 관련 [별표1]

① 실습기관 : 법 제2조 제1호에 따른 사회복지사업과 관련된 법인·시설, 기관 및 단체로 한다.
② 실습지도자 : 사회복지사 1급 자격증을 소지한 자로서 3년 이상 또는 사회복지사 2급 자격증을 소지한 자로서 5년 이상 사회복지사업의 실무경험이 있는 자가 실습을 지도하여야 한다.
③ 실습시간 : 현장실습시간은 160시간 이상으로 한다.
※ 법령이 정한 상기 기준은 모두 충족해야 하며, 미충족 시 자격증 취득이 불가능합니다.

[실습생 27] 실습 종결보고서

실습 종결보고서

※ 다음은 실습을 종결하면서 한 학기 동안 실습한 내용을 요약정리하고 목표 달성 정도와 소감을 간략히 정리하는 보고서입니다. 이 종결보고서는 파일에 정리되어 사무실에 비치되며 다음 실습을 준비하는 학생에게 실습지 선정의 지침이 되는 자료로 활용될 것입니다.

실습기관		실습지도자	
실습부서		실습지도교수	
실습기간			
실습생		종결일시	

1. 실습기관 소개

2. 실습기간 및 시간

3. 실습목표
   1) 실습생의 목표
   2) 실습기관의 목표

4. 실습내용 소개
   1) 실습일정
   2) 교육, 참관사항
   3) 담당업무

5. 실습목표와 달성 정도

6. 실습지도자와 실습지도 내용소개

7. 실습소감
   1) 힘들었던 것
   2) 제기되었던 질문들
   3) 배운 것

8. 향후 실습을 위한 제언

9. 기타 꼭 하고 싶은 이야기

10. 실습지도자와 기관에 대한 감사의 내용

[실습생 28] 실습지도자 평가척도*

슈퍼바이저 평가척도

점수	평가기준
1점	슈퍼비전을 제대로 제공하지 못하여 슈퍼비전을 위한 학습이 절대적으로 요구됨
2점	슈퍼비전을 제공하는 영역에 대한 지식도 부족하고 슈퍼비전을 제공할 능력도 부족함
3점	슈퍼비전을 제공하는 영역에 대한 기본지식을 갖추고 있으며, 슈퍼비전을 제공하는 능력이 있음
4점	슈퍼비전을 제공하는 영역에 대한 정확한 지식을 갖추고 있으며, 슈퍼비전을 체계적으로 정확하게 제공함
5점	슈퍼비전을 제공하는 영역에 대한 정확한 지식을 갖추고 있으며, 슈퍼비전을 체계적으로 정확하게 제공하는 우수한 전문가 위상을 갖추고 있음

영역	내용	점수				
		1	2	3	4	5
1. 지식	1.1 슈퍼비전의 목적을 이해한다.					
	1.2 슈퍼비전의 경계를 명확히 알고 있다.					
	1.3 다음 요소를 이해한다. 행정적 / 교육적 / 지지적					
	1.4 다양한 슈퍼비전 계약의 유형을 알고 있다.					
2. 슈퍼비전 관리기술	2.1 슈퍼비전 목적을 슈퍼바이지에게 설명할 수 있다.					
	2.2 서로가 동의하고 명확한 계약을 협상해 낼 수 있다.					
	2.3 적절한 경계를 유지할 수 있다.					
	2.4 다음과 같은 슈퍼비전 분위기를 형성할 수 있다. 공감적 / 진실한 / 적합한 / 신뢰할 수 있는 / 직접적					
	2.5 행정적 · 교육적 · 지지적 기능 간의 균형을 유지할 수 있다.					
	2.6 정각에 적절하게 회기를 끝낼 수 있다.					
3. 슈퍼비전 개입기술	3.1 다음의 개입유형을 사용할 수 있다. 규범적 / 지식을 주는 / 대립적 / 촉매적 / 카타르시스적 / 지지적					
	3.2 다음과 같은 방법으로 피드백을 줄 수 있다. 명확한 / 인정한 / 균형이 맞는 / 구체적					
	3.3 다음에 유용하게 초점을 맞출 수 있다. 보고된 내용 / 슈퍼바이지의 개입 / 슈퍼바이지-클라이언트 관계 / 슈퍼바이지의 역전이 / 슈퍼비전 관계 / 자신의 역전이 / 좀 더 넓은 맥락					
	3.4 자신의 일하는 방법을 묘사할 수 있다.					
	3.5 자신의 경험을 적절하게 제공할 수 있다.					
	3.6 슈퍼바이지에게 자신의 슈퍼비전 기술을 전개할 수 있다.					

* Hawkins & Shohet(2006), pp. 127-129, 한국사회복지사협회(2010). 사회복지현장실습 지도자교육 재인용.

영역	내용	점수				
		1	2	3	4	5
4. 특성 또는 특질	4.1 슈퍼바이저 역할에 헌신한다.					
	4.2 슈퍼바이저 역할 고유의 권위에 대해 편안하다.					
	4.3 격려하고 동기를 부여하며 적절한 낙관주의를 줄 수 있다.					
	4.4 슈퍼바이지의 욕구에 대해 민감하다.					
	4.5 다음과 같은 개인의 차이를 인식하고 적응할 수 있다. 성 / 연령 / 문화적・인종적 배경 / 계층 / 성적 오리엔테이션 / 성격 / 전문적 훈련					
	4.6 유머감각이 있다.					
5. 지속적 발전에 대한 헌신	5.1 자신의 적절한 슈퍼비전에 대해 책임져 왔다.					
	5.2 자신의 실천가 및 슈퍼바이저로서의 기술과 지식을 업데이트하기 위해 노력했다.					
	5.3 슈퍼바이저로서 자신의 강점과 단점을 파악하고 자신의 한계를 인정한다.					
	5.4 다음과 같은 사람들로부터 정기적 피드백을 받는다. 슈퍼바이지 / 동료 / 자신의 슈퍼바이저 또는 상사					
6. 집단 슈퍼바이저	6.1 집단역동에 대한 지식을 가지고 있다.					
	6.2 슈퍼비전 과정을 돕기 위해 집단과정을 사용할 수 있다.					
	6.3 집단 내의 경쟁력을 조정할 수 있다.					
7. 시니어 조직 슈퍼바이저	7.1 전문가 간의 이슈를 감독할 수 있다.					
	7.2 조직의 이슈를 감독할 수 있다.					
	7.3 팀 내의 활동범위와 조직발달에 대한 지식을 가지고 있다.					
	7.4 기초가 되는 팀 또는 조직문화를 '표면화'할 수 있다.					
	7.5 조직의 변화를 촉진할 수 있다.					
	7.6 슈퍼비전이 활발하게 이루어지는 학습적 문화를 조성할 수 있다.					

[실습생 29] 실습지도 평가척도*

슈퍼비전 평가척도

1점 : 위험이 없는 상태로, 현재의 실천이 적절하여 수정이 필요하지 않은 상태
2점 : 약간의 위기상태로, 현재의 실천은 적절하지만 약간의 수정이 필요한 상태
3점 : 중간 정도의 위기가 있는 상태로, 현재의 실천은 문제가 있고 그래서 위기를 최소화하기 위한 수정이 필요한 상태
4점 : 높은 위기상태로 현재의 실천은 심각하게 문제가 있으며 수정이 매우 필요한 상태

구분	번호	문항				
슈퍼비전	1	슈퍼바이저는 슈퍼바이지가 고지된 동의를 하도록 정보를 제공하는가	①	②	③	④
	2	슈퍼바이저는 철저한 치료와 개입계획을 발전시키고 실행하려는 슈퍼바이지의 노력을 관찰하는가	①	②	③	④
	3	슈퍼바이저는 정보의 부적절한 노출과 같은 클라이언트와의 모든 접촉에서 슈퍼바이지의 실수를 지적하고 반응하는가	①	②	③	④
	4	슈퍼바이저는 슈퍼바이지의 클라이언트가 언제 다른 곳으로 의뢰되어야 하는지, 치료의 종결은 언제해야 하는지 등에 관해 알고 있는가	①	②	③	④
	5	슈퍼바이저는 슈퍼바이지가 언제 자문을 구해야 하는지를 알고 있는가	①	②	③	④
	6	슈퍼바이저는 슈퍼바이지의 역량이 부족하고, 잘못을 저지르고 비윤리적 행위를 했다는 것을 슈퍼바이지가 기꺼이 말할 수 있도록 그 능력과 자발성을 모니터링하는가	①	②	③	④
	7	슈퍼바이저는 슈퍼바이지가 자신의 클라이언트와 적절한 경계를 유지하는지 모니터링하는가	①	②	③	④
	8	슈퍼바이저는 신체적인 위험으로부터 제삼자를 보호하는가	①	②	③	④
	9	슈퍼바이저는 필요 이상으로 길게 진행되는 치료와 태만한 치료계획을 감지하거나 중지하는가	①	②	③	④
	10	슈퍼바이저는 특정 클라이언트의 치료를 위해서 외부 전문가를 활용하는가	①	②	③	④
	11	슈퍼바이저는 슈퍼바이지와 정기적으로 만나는가	①	②	③	④
	12	슈퍼바이저는 슈퍼바이지의 기록, 결정, 행동을 검토하고 인정하는가	①	②	③	④
	13	슈퍼바이저는 슈퍼바이지의 결근에 적절한 반응을 보이는가	①	②	③	④
	14	슈퍼바이저는 슈퍼비전 제공에 대해 문서화하는가	①	②	③	④
	15	슈퍼바이저는 슈퍼바이지와의 관계에서 적절한 경계를 유지하는가	①	②	③	④
	16	슈퍼바이저는 슈퍼바이지에게 시기적절하고 도움이 되는 성과평가와 피드백을 제공하는가	①	②	③	④
	17	슈퍼바이저는 슈퍼비전 동의서를 문서화하는가	①	②	③	④
	18	슈퍼바이저는 슈퍼바이지의 윤리적 관심과 윤리적 쟁점의 민감성을 높이기 위한 슈퍼바이지의 노력에 반응하는가	①	②	③	④
	19	슈퍼바이저는 슈퍼바이지가 그들의 전문적 책임성을 충족시킬 수 있도록 하는 충분한 시간과 적절한 업무량을 제시하는가	①	②	③	④
	20	슈퍼바이저는 적절한 슈퍼비전을 제공하기 위하여 그들의 업무에 있어 충분한 시간을 제공하는가	①	②	③	④

* Reamer(2001), 한국사회복지사협회(2010). 사회복지현장실습 지도자교육 재인용.

참고문헌

강선경 · 임윤형(2005). 학대노인에 대한 사례관리 개입에 관한 연구. **한국노인복지학회, 30(1)**, 194.

강영걸 · 박성복(2008). **사회복지조사론**. 학현사.

권중돈 · 조학래 · 윤경아 · 이윤화 · 이영미 · 손의성 · 오인근 · 김동기(2013). **사회복지개론**(제2판)(pp. 26-28). 학지사.

김성이 · 조학래 · 노충래(2010). **청소년복지학**. 양서원.

김영숙(2008). **재가노인, 장애인, 노인장기요양보험 사례관리론**. 교육과학사.

김재선 · 임경선 · 최세영(2016). **사회복지개론**(pp. 32-34). 어가.

박정란 · 서홍란 · 장수한(2011). **청소년복지론**. 양서원.

박태영(2003). **지역사회복지론**. 학현사.

박태영 · 채현탁(2014). **지역사회복지론**. 정민사.

박태영 · 채현탁 · 김동화 · 김석주(2019). **지역사회복지연구방법론**(p. 53). 공동체.

보건복지부(2016). **사회복지사 자격관리 지침**(pp. 26-30). 한국사회복지사협회.

_________(2019). **2019년 희망복지지원단 업무 안내**(pp. 109-113).

사회복지공동모금회(2019). 2020년 배분사업 안내.

사회복지사 윤리강령.

엄명용 · 김성천 · 오혜경 · 윤혜미(2000). **사회복지실천의 이해**. 학지사.

엄미선 · 최종복 · 전동일(2009). **사회복지자원개발론**. 대왕사.

오수경 · 박병금 · 최은희(2013). **사회복지현장실습**. 공동체.

오정수 · 정익중(2017). **아동복지론**. 학지사.

원석조(2012). **사회복지조사론**(pp. 208-210). 공동체.

이경아 · 서홍란(2011). **사회복지현장실습**. 공동체.

이남희(2000). 정보화 사회에 있어 사회복지관 조직 효과성 제고방안(집단수준변수를 중심으로). 한성대학교 행정대학원 석사학위논문.

이원주 · 우병훈(2020). **사회복지현장실습**. 공동체.

장인협 · 오정수(2000). **아동 · 청소년복지론**(개정2판). 서울대학교출판부.

전재일 · 김규수 · 박태룡 · 김태진 · 박태영 · 이준상 · 이성희 · 이필환(2009). **사회복지개론**(pp. 7-8). 형설출판사.

조성숙 · 이신영(2013). **사회복지현장실습**(pp. 118-125). 공동체.

조흥식 · 권기창 · 이태수 · 박경수 · 이용표 · 엄규숙 · 박기훈(2019). **사회복지학개론**. 창지사.

지은구 · 조성숙(2010). **지역사회복지론**. 학지사.

최옥채(2010). 사회복지실천론(pp. 28-29). 양서원.
한국여성개발원(1990). 여성복지법제에 관한 연구.
한국학교사회복지사협회(2020). 2020년도 제16회 학교사회복지사 자격시험 시행공고.

Healy, Lynne M.(2007). Universalism and cultural relativism in social work ethics. *International Social Work, 50*(1), 11-26.
Johnson, P. J., & Rubin, A.(1983). Case Management in Mental Health : A Social Work Domain. *Social Work, 28*(1).
Kadushin, A.(1974). *Child Welfare Services.* New York : Macmillan
Moxley, D. P.(1989). *The Practice of Case Management.* Newbury Park, CA : Sage Publications, Inc. 김만두 역(2004). 케이스매니지먼트 실천론. 홍익재.
Popple, F. G., & Leighninger, L.(1999). *Social Work, Social Welfare, and American Society*(4th ed.). Boston : Allyen and Bacon.
Rothman, J.(1991). A Model of Case Management : Toward Empirically Based Practice. *Social Work, 36*(6), 520-528.
Rubin, A.(1992). Case Management. In Rose, S. M.(Ed.), *Case Management and Social Work Practice.* New York : Longman Publishing Group.
Susan Downs, et al.(2004). *Child Welfare and Family Services : Policies and Practice.* Boston, MA : Allyn and Bacon.
Wilensky, H. L., & Lebeaux, C. N.(1965). *Industrial Society and Social Welfare. The Impact of Industrialization on the Supply and Organization of Social Welfare Services in the United States.* New York : Free Press; London : Collier-Macmillan.

〈웹사이트〉

법제처 홈페이지. https://www.moleg.go.kr

찾아보기

저/자/약/력

■ 정연모
대구대학교 대학원 도시학과 박사
사회복지공동모금회 근무
영진사이버대학교 사회복지계열 교수

■ 임우현
대구대학교 대학원 사회복지학 박사수료
사회복지법인 함께하는 마음재단 근무
영진사이버대학교 사회복지계열 교수

■ 최형임
대구대학교 대학원 사회복지학과 박사
영남대학교 영천병원 근무
영진사이버대학교 사회복지계열 교수

사회복지현장실습

|공저자| 정연모 · 임우현 · 최형임

|1판 1쇄| 발행 2024년 5월 30일

|발행인| 김 동 훈
|발행처| 공 동 체

|주소| 경기도 고양시 일산동구 호수로 358-39, 동문타워Ⅰ 905호(백석동)
|전화| 031) 814-3000(대표)
|팩스| 031) 814-3100
|홈페이지| http://www.compub.co.kr
|전자우편| compub@naver.com
|출판등록| 2005년 10월 6일
|등록번호| 제396-2005-36호

|ISBN| 979-11-6725-751-2
정가 14,000원